Geografia no ensino básico
questões e propostas

Conselho Acadêmico
Ataliba Teixeira de Castilho
Carlos Eduardo Lins da Silva
Carlos Fico
Jaime Cordeiro
José Luiz Fiorin
Magda Soares
Tania Regina de Luca

Proibida a reprodução total ou parcial em qualquer mídia
sem a autorização escrita da editora.
Os infratores estão sujeitos às penas da lei.

A Editora não é responsável pelo conteúdo deste livro.
A Autora conhece os fatos narrados, pelos quais é responsável,
assim como se responsabiliza pelos juízos emitidos.

Consulte nosso catálogo completo e últimos lançamentos em **www.editoracontexto.com.br**.

Geografia no ensino básico
questões e propostas

Shoko Kimura

Copyright © 2008 Shoko Kimura

Todos os direitos desta edição reservados à
Editora Contexto (Editora Pinsky Ltda.)

Foto de capa
Rodrigo Matoso Céspedes

Montagem de capa e diagramação
Gustavo S. Vilas Boas

Preparação de textos
Cássio Dias Pelin

Revisão
Daniela Marini Iwamoto

Dados Internacionais de Catalogação na Publicação (CIP)
(Câmara Brasileira do Livro, SP, Brasil)

Kimura, Shoko
Geografia no ensino básico : questões e propostas / Shoko
Kimura. – 2. ed., 3ª reimpressão. – São Paulo : Contexto, 2021.

Bibliografia.
ISBN 978-85-7244-404-0

1. Ensino básico 2. Formação profissional 3. Geografia –
Estudo e ensino (Ensino fundamental) 4. Geografia –
Estudo e ensino – Metodologia 5. Prática de ensino
6. Professores de geografia I. Título.

08-04795	CDD-910.07

Índice para catálogo sistemático:
1. Geografia : Ensino 910.07

2021

EDITORA CONTEXTO
Diretor editorial: *Jaime Pinsky*

Rua Dr. José Elias, 520 – Alto da Lapa
05083-030 – São Paulo – SP
PABX: (11) 3832 5838
contexto@editoracontexto.com.br
www.editoracontexto.com.br

Sumário

Introdução 7

Escola e ensino de Geografia 14
Escola: uma teia de relações 17
    Materiais voltados para o ensinar-aprender 18
    Organização dos tempos e espaços escolares 26
    Sistemas de ensino e políticas públicas 43
Fazer-pensar: fonte do ensinar-aprender 45
    Fazer e pensar são indissociáveis 46
    Professor e aluno, protagonistas do ensinar-aprender 55
    Fazer-pensar: diferenças e semelhanças entre os sujeitos 60
Questões preliminares do ensinar-aprender 69
    O que a população espera da escola 70
    Conteúdos e metodologias de ensino: uma velha polêmica 73
    O tradicional e o crítico 77
    E o ensino de Geografia? 81
    Os planejamentos de curso 83

Um exercício de ensinar-aprender Geografia.................106

Como começar?...111
    Questões que antecedem a didática do ensino de Geografia.......111
    Vamos, agora, à questão: como começar? 117
    Representações, significados e ideologias 133
    Alguns exemplos de expressões dos alunos...................139

Por um aluno indagativo e especulador....................147
    A superação do saber geográfico do aluno..................147
    Geografia(s) 157

Um saber novo, mas sempre provisório.....................181
    Provisórios e inconclusos....................................181
    Avaliação 188

Palavras finais...193

Anexos 197

Bibliografia 215

A autora...219

Introdução

Este livro dirige-se aos professores de Geografia do Ensino Fundamental e Médio e aos estudantes dos cursos de licenciatura de Geografia, futuros professores.

Aqueles que estão voltados para o ensino têm um "cacoete", o de iniciar qualquer conversa buscando responder uma questão: de que estamos tratando? Assim, começaremos falando do ensino da Geografia, mas de uma Geografia que, como um dos campos do conhecimento humano, é uma produção social.

Isso significa ter a preocupação com os objetos de análise produzidos pela Geografia. Significa, também, considerar o sujeito que integra essa produção e se dispor a conhecê-la. Para que serve um conhecimento que não se dissemina socialmente?

Este livro procura, desde o início, apontar para uma relação inevitável e uma condição essencial. Julga-se que esse é o duplo foco necessário cujo ponto de vista deve ser observado nos vários espaços educativos no qual o ensino da Geografia possa ser desenvolvido.

Dentre esses espaços, foi eleita a Escola Básica, em especial ao Ensino Fundamental. A reflexão sobre o ensino de Geografia (e de

qualquer outra disciplina curricular) não pode ser feita sem a discussão da escola na qual esse ensino acontece, e ambas as discussões necessitam fincar suas bases nas questões gerais da educação no país.

Daí considerou-se ser importante traçar um quadro, a fim de contextualizar a escola e o ensino de Geografia. Pode-se, assim, entender também o porquê de ter sido eleita a Escola Básica como o espaço por excelência das reflexões sobre as práticas educacionais integrantes do ensino de Geografia.

Um primeiro dado indissociável é que a Escola Básica existe como um lugar de aprendizagem enquanto um direito inquestionável. Por um dever constitucional, essa escola precisa cumprir determinadas obrigações.

A Lei n. 9.394/96 – Lei de Diretrizes e Bases da Educação Nacional (LDB) – determinou a elaboração de um Plano Nacional de Educação (PNE), o que foi feito em 1997. O PNE coloca que, no prazo de 10 anos, o país deve realizar: I – erradicação do analfabetismo; II – universalização do atendimento escolar; III – melhoria da qualidade do ensino; IV – formação para o trabalho; e V – promoção humanística, científica e tecnológica do país (art. 214).

Muitos dirão: a lei, ora... a lei! Porém, cumpri-la não é simplesmente um ato legal, é principalmente uma prática democrática constitucional.

Coloca-se em dúvida vários dos itens legais, e eles merecem ser ainda discutidos, como o foram por ocasião da elaboração da LDB, quando, nos anos de 1980 e 1990, reuníamo-nos através das entidades representativas nos Fóruns Locais e no Fórum Nacional em Defesa da Escola Pública. Entretanto, entende-se que qualquer pessoa aberta para as questões sociais e educacionais do país defende inquestionavelmente aqueles itens definidos pelo PNE.

O Censo Escolar de 2004 apontou a existência de 2,5 milhões de professores lecionando nas escolas brasileiras de Educação Básica. Esta tinha, então, 55.027.803 alunos, dos quais 48.122.307 cursando escolas públicas (88%). Estavam matriculados no Ensino Fundamental

34.012.151 estudantes, sendo 30.683.857 nas redes públicas, o que corresponde a 89,1% e, no Ensino Médio, 9.166.835 estudantes, dos quais 8.056.000 nas redes públicas, ou seja, 88,8% (Fonte INEP/MEC).

Convém destacar que, atualmente, aproximadamente 97% dos jovens das faixas etárias correspondentes ao Ensino Fundamental estão matriculados nesse nível de ensino, significando que pelo menos o acesso está praticamente universalizado no Brasil.

Sem dúvida, ter acesso à escola é ter um direito conquistado. Sabemos das diversas políticas públicas que contribuem para explicar esse quadro, a exemplo da concessão da Bolsa Escola federal (atualmente incorporada na Bolsa Família) a alunos de famílias com renda financeira muito baixa. Assim, também, foi estabelecido o Fundo de Desenvolvimento do Ensino Fundamental – Fundef – (transformado em 2006 no Fundo de Desenvolvimento do Ensino Básico – Fundeb), que repassa verbas aos municípios e estados de acordo com o número de alunos matriculados nas escolas de suas respectivas redes de ensino. São políticas que, dessa maneira, têm aumentado o acesso e permanência dos alunos nas escolas do Ensino Fundamental.

Os dados oficiais indicam que, cada vez mais, a defasagem idade-série está diminuindo. Quer dizer, os alunos estão frequentando as séries/ciclos correspondentes à sua idade cronológica, indicando que a repetência escolar e a evasão/expulsão, apesar de ainda muito significativas, estão diminuindo.

Os dados oficiais apontam que a organização por séries prevalece (cerca de 80% dos sistemas de ensino), permanecendo com as práticas tradicionais de avaliação e promoção/retenção. Porém, é importante destacar que algumas reformas em diversos sistemas de ensino, ao adotarem a organização curricular por ciclos de aprendizagem, acabaram também implantando, na prática, a promoção "automática" que subjaz nas denominações oficiais como "progressão continuada", por exemplo.

Porém, não basta apenas "passar" pela escola, uma vez que se torna inquietante a qualidade do ensino desenvolvido em uma grande

parte das escolas públicas. Abrigando mais de 48 milhões de estudantes, elas equivalem ou superam as populações de muitos países. Surge, então, a seguinte questão: como é possível que os estudantes possam continuar frequentando escolas públicas nas quais, em geral, lhes estão subtraídos os direitos de uma aprendizagem com desenvolvimento cognitivo e crescimento existencial?

O quadro geral é que, para grande parte dos jovens em idade escolar matriculados na Escola Básica, o ensino-aprendizagem tem apresentado resultados preocupantes. Vários caminhos levam a essa conclusão. Para começar, pode-se citar os resultados das avaliações nacionais e internacionais.

Esses resultados podem ser evidenciados comparativamente em nível internacional, através dos dados do PISA (Program for International Student Assessment). E, também, através dos dados nacionais fornecidos pelo Exame Nacional do Ensino Médio (ENEM) e pelo Sistema Nacional de Avaliação do Ensino Básico (SAEB), sob a responsabilidade do Instituto Nacional de Estudos e Pesquisas Educacionais (INEP).

Os dados das avaliações oficiais muitas vezes são questionados por vários profissionais e educadores. Contudo, trabalhar, frequentar e vivenciar a escola pública nos leva a dar crédito, ainda que em termos relativos, às avaliações de origem institucional oficial. Temos a obrigação de reproduzir a grave informação do MEC de que "o SAEB, por meio de sua série histórica comparável de 1995 a 2001, evidencia quedas nas médias gerais de proficiência nas duas áreas de conhecimento [Português e Matemática] avaliadas nos resultados gerais para o Brasil, as regiões e as unidades".

**Distribuição de alunos nos estágios de construção de competências.
Língua Portuguesa – Ensino Fundamental, 4ª série, 2001 – Brasil.**

Estágio	Competências/habilidades	População	%
Muito crítico	Não desenvolveram habilidades de leitura. Não foram alfabetizados adequadamente. Não conseguem responder aos itens da prova.	819.205	22,2
Crítico	Não são leitores competentes, leem de forma truncada, apenas frases simples.	1.356.237	36,8
Intermediário	Começando a desenvolver as habilidades de leitura, mas ainda aquém do nível exigido para a 4ª série.	1.334.838	36,2
Adequado	São leitores com nível de compreensão de textos adequado à 4ª série.	163.188	4,4
Avançado	São leitores com habilidades consolidadas, algumas com nível além do esperado para a 4ª série.	15.768	0,4
Total		3.689.237	100

Fonte: MEC/INEP/DAEB (adap.).

É possível verificar na tabela que os alunos da 4ª série do Ensino Fundamental em estágios de aprendizagem "muito crítico", "crítico" e "intermediário" totalizam 95,2%. As características das competências/habilidades desses três estágios, descritas na tabela, tornam essas informações mais preocupantes ainda. Os estágios de aprendizagem denominados "muito crítico", "crítico" e "intermediário" indicam que os alunos mostram características insuficientes à aprendizagem necessária para o nível de escolaridade que está sendo avaliado.

Tal quadro tem repercussões no ensino de Geografia e de outras disciplinas, cujas características estão relacionadas à aquisição e ao desenvolvimento (ou não) de algumas competências/habilidades específicas pelos alunos, intimamente relacionadas à alfabetização e ao letramento competentes no idioma nacional.

Embora seja do conhecimento geral, esses dados preocupantes são expostos aqui ainda mais porque o desempenho em Língua Portuguesa é uma situação que se repete em outros níveis de ensi-

no e no desempenho em Matemática. Os dados constam no item Anexo 1.

De um modo geral, esses dados são demonstrativos de que se, de um lado, quantitativamente o acesso à escolarização obrigatória tem acontecido, por outro lado, a qualidade da aprendizagem é precária, sendo a sua efetiva conquista um grande desafio a todos os interessados em educação no Brasil. Ao discutir o papel e a importância do conhecimento geográfico para a formação do jovem brasileiro, o objetivo é mostrar que o ensino de Geografia encontra-se no interior dessas preocupações voltadas para a qualidade do ensino.

As milhares de pessoas que frequentam a Escola Básica constituem um imenso potencial de energia humana que pode integrar uma alquimia para produzir uma humanidade mais justa e, para ser redundante, para realizar uma humanidade mais humana. Seguindo a trajetória de análise e utilizando a expressão de um filósofo de vanguarda da esquerda, István Mézáros (Mézáros, 2005: 62) trata-se de um imenso contingente humano que pode participar da realização de uma *ordem metabólica social* para a transformação do mundo. Até mesmo do ponto de vista de uma racionalidade capitalista, podemos afirmar que é muito capital humano desperdiçado.

O presente livro é uma tentativa de pensar esse conjunto complexo de questões sob o ângulo do ensino da Geografia no Ensino Básico. Foi nesse quadro que se permitiu (re)colocá-lo sob o foco dos desafios, possibilidades, limites e lacunas com os quais nos defrontamos. Essa trajetória ensejou o privilégio de compartilhar o trabalho de muitos profissionais do ensino de Geografia, cujas experiências bem-sucedidas permitimo-nos citar, pela contribuição que significam.

A necessidade dessa apresentação inicial tem a finalidade precípua de fazer referências aos temas que serão desdobrados neste texto. Tais referências resultam de situações praticadas sobre as quais temos nos debruçado, em um processo de reflexão que se tece no fazer.

Ao longo desses anos, foram colhidos depoimentos e preocupações de professores e alunos de cursos de Geografia. Eles reiteram muitas das questões em discussão no presente texto. Trata-se de uma contingência da trajetória do pensamento e das práticas que se vão entrelaçando num processo contraditório. Temos diante de nós uma realidade tecida na contradição que, ao descortinar os problemas irresolvidos, acentua ainda mais a necessidade de discuti-los.

É nesse cenário que nos colocamos, na situação de que nos cabe contribuir para a busca de algumas perspectivas, mediante a discussão de alguns temas do ensino da Geografia, do ensino e da educação.

Escola e ensino de Geografia

"[...] a análise do presente e do passado [...] não pode fornecer mais do que um horizonte de possibilidades, [...] a conversão de um deles em realidade é fruto da utopia e da contingência [...]".

Boaventura de Sousa Santos, *Pela mão de Alice: o social e o político na pós-modernidade.*

oaventura de Sousa Santos nos propõe um grande desafio: o de nos dirigir para o horizonte de vários futuros possíveis postos à nossa frente. As experiências acontecidas e as circunstâncias que hoje vivemos são muito importantes, sem dúvida. Porém, o que está não está pronto, e está por se fazer. O autor indica a necessidade de nos movermos rumo ao que sonhamos e projetamos. Porém, faz com que também nos deparemos com a obrigação de levar em conta o mundo como ele se apresenta a nós, com suas histórias e suas circunstâncias.

Isso significa que, se quisermos falar da escola de modo que ela nos surja dotada de alguma lógica compreensiva, é indispensável tomá-la em um determinado contexto. É dele que surge a condição de sujeitos reais, como são realmente os alunos e professores, os principais frequentadores das escolas. As características desse contexto, de uma ou outra maneira, em seu estado puro ou transformadas, em sua concretude ou em suas reverberações, ajudam a compor as condições integrantes do universo escolar.

Seria temerário falar do ensino de Geografia sem considerar tais aspectos. Longe de dizer que, internamente à própria Geografia, não se devam construir alternativas e caminhos para a superação dos costumeiros e conhecidos problemas que têm comprometido seu ensino. Pelo contrário, é muito importante estarmos sempre atentos e dispostos para essa superação, mesmo que seja isoladamente, mesmo que seja por meio de um trabalho solitário, como muitas vezes acontece.

Escola: uma teia de relações

Na empreitada de se buscar as possibilidades para um ensino de Geografia considerado bem-sucedido, entende-se que este encontrará condições mais favoráveis se acontecer com a resolução daqueles aspectos gerais da escola e da educação. Ou seja, trabalha-se, como sempre, com a relação entre o particular e o geral. De maneira simplificada, pode-se desenhar o seguinte esquema:

Materiais voltados para o ensinar-aprender		Organização dos tempos e espaços escolares
	ESCOLA: UMA TEIA DE RELAÇÕES	
Pensar-fazer como fonte do ensinar-aprender		Sistemas de ensino e políticas públicas
	?	

Os diversos aspectos que foram agrupados para fins expositivos estão articulados entre si e integram a escola real e, desta ou daquela maneira, põem em movimento os diferentes sujeitos educacionais e

escolares, como alunos, professores, gestores e pessoal de apoio, pais e comunidade em geral.

Esse conjunto simplificado de aspectos corresponde aos elementos constituintes de um possível projeto político-pedagógico. Certamente, outros aspectos existem. Eles nos levam a pensar a escola em sua complexidade, motivo pelo qual colocamos outro círculo que nos põe a interrogá-la. Certamente, os impactos dos diversos aspectos podem ser maiores ou menores e eles podem ser mais ou menos evidentes ou importantes, dependendo de cada contexto escolar, de cada sistema escolar.

Normalmente, nas conversas com alunos dos cursos de graduação, com professores em geral e os de Geografia em especial, costuma ser levantado um rol de imensos problemas de diversas naturezas. Dessa maneira, acaba-se traçando um quadro bastante penoso, constituindo, porém, um cenário real vivido muitas vezes até com sofrimento por aqueles que frequentam a escola.

Considera-se que todos esses incômodos são objeto de discussão pelos educadores da Escola Básica, mas, ao mesmo tempo, podem integrar um projeto que eles podem construir.

Materiais voltados para o ensinar-aprender

- Livro didático;
- Materiais de consumo do aluno e da escola;
- Materiais permanentes e instrumentos de apoio.

Pode parecer lugar-comum tecermos comentários sobre aspectos como materiais de consumo dos alunos, tais como cadernos, lápis, borracha, mochila etc. Porém, para a população pobre, o acesso aos materiais escolares básicos é um importante aspecto que viabiliza a aprendizagem.

A distribuição desses materiais pode ser encarada, como usualmente se faz, enquanto medida meramente assistencialista ou enquanto medida integrante de uma política social que indiretamente distribui renda. Assim, também, são consideradas as políticas de distribuição de merenda escolar.

Entende-se que essas medidas devem ser analisadas no contexto da pobreza econômica de grande parte da população do país. Elas podem minorar as dificuldades de sobrevivência dos mais pobres e, portanto, favorecer a escolarização das crianças. Certamente, são medidas que devem passar por melhorias e que não podem ser adotadas isoladamente em relação a outras.

Mais do que tudo, é importante que o acesso aos materiais escolares básicos seja encarado como defesa das condições para a escolarização das populações menos favorecidas.

O raciocínio oposto implica que se deve esperar da própria população a aquisição desse material de consumo, ou seja, implica que ela tenha poder aquisitivo suficiente para tal. Implica esperar que ela deixe de ser uma população pobre e, assim, faça parte de uma sociedade estruturalmente em condições de adquirir as bases materiais para a sua escolarização.

O significado dessas políticas públicas passa por serem vistas como medidas compensatórias, isto é, buscam compensar as dificuldades financeiras dos mais pobres mediante a distribuição de algum insumo material. Daí elas serem questionadas e vistas como paliativas e inconsequentes enquanto prática educacional, sendo consideradas medidas demagógicas.

Caso não existissem essas medidas, de que maneira os alunos mais pobres poderiam suprir-se de materiais básicos para seus estudos? Não seria o caso de essas políticas serem aperfeiçoadas em termos qualitativos e quantitativos, servindo efetivamente como suporte material ao desenvolvimento escolar? Não seria o caso de essas medidas integrarem articuladamente uma política educacional voltada para a busca de uma aprendizagem mais efetiva?

Convém, então, analisar, mesmo que rapidamente, esses aspectos, verificar como os materiais estão interligados e fazem parte do conjunto das condições necessárias para um ensino bem-sucedido de Geografia. A existência e o consequente acesso a condições de infraestrutura são considerados pelos próprios professores das escolas como um aspecto dotado de importância fundamental para o desenvolvimento de seu trabalho.

Frequentemente, vemos alunos vindos dos estágios de prática de ensino assustados por terem seus projetos didáticos dificultados ou até inviabilizados, dada a carência de, por exemplo, um retroprojetor ou até mesmo de um simples mapa-mural, material tão importante para o ensino de Geografia. Para não falarmos da inexistência de aparelhos como a máquina de xerox e o mimeógrafo, que permitam a reprodução de textos ou outro material planejado cuidadosamente. Se as escolas públicas dotadas de tais condições são poucas, mais raras ainda são as escolas que dispõem de instrumental de informática colocado à disposição dos professores, e menos ainda dos alunos.

Quer dizer, trata-se da importância tanto do material de consumo como do material permanente. Políticas públicas, que buscam suprir essas necessidades e realizam investimentos em educação, não podem ser desprezadas, tanto por constituir um fator educacional como por representar gastos de recursos públicos.

Muitos críticos dessas políticas questionam o seu aspecto populista e, por vezes, pouco criterioso, por trás do qual se alojam frequentemente interesses de fornecedores dos materiais e de autoridades públicas. Possuem uma visibilidade fácil de ser utilizada para fins promocionais ou eleitorais. Entretanto, é preciso reconhecer a sua importância para o ensino-aprendizagem. Tanto é que, em muitos casos, sua precariedade ou ausência leva as unidades escolares a se empenharem para adquiri-los por conta própria, gastando energia e esforços que deveriam ser aplicados no trabalho pedagógico propriamente dito.

Devemos realçar esses aspectos em sua devida importância ao realizarmos reflexões de ordem teórica, uma vez que, quando nos

referimos ao pensar, estamos com o foco na importância do fazer compromissado que se articula a esse pensar. Esse é o *fazer* do fazer-pensar pedagógico e geográfico, que faz a essência da Escola Básica. Quando esse *fazer* fica comprometido ou dificultado, os impedimentos ou obstáculos ganham vulto no campo das estratégias educacionais, pois expressam a precariedade das políticas públicas vigentes, tanto na gestão doméstica como na gestão de sistemas.

Aspectos como esses descritos, que podem ser considerados secundários, são importantes até o ponto de, muitas vezes, constituírem um objetivo a ser concretizado através de um trabalho coletivo de reivindicação e luta por parte da escola, dos seus conselhos, dos professores, da direção. Isso porque, na verdade, a existência desses materiais corresponde a valores de uso pedagógico postos à disposição de todos os professores, além do professor de Geografia.

Dentre vários desses aspectos materiais, merece atenção especial, como sempre, o livro didático. Deve-se ressaltar que as gestões federais têm adquirido cada vez mais livros didáticos através do chamado Programa Nacional do Livro Didático (PNLD). Esse fato, a nosso ver, merece ser compreendido sob dois aspectos articulados.

De um lado, coloca-se a força dos interesses editoriais que têm encontrado ressonância na política que justifica a aquisição desses materiais. É uma política adotada já há algumas décadas pelo MEC, incrementando-se paulatinamente a partir das décadas do período do governo militar instaurado em 1964 no país.

De outro lado, deve-se levar em conta um conjunto de condições apresentadas pela Escola Básica atual e pelas concepções de ensino desenvolvidas pelo professor. Este, em geral, expressa a necessidade do livro didático.

Esse quadro desemboca no seu uso bastante generalizado. Fato é que a sua importância é um dado real nas escolas e, com a aquisição feita pelo governo federal, a sua presença é imensa no Ensino Fundamental. Diante disso, é importante fazer algumas considerações bastante abrangentes sobre o livro didático, interligando os fatos.

O livro didático

Existem livros didáticos de Geografia preferidos pelos professores, uma vez que, além das informações ou os chamados conteúdos geográficos propriamente ditos, eles apontam as atividades a serem realizadas pelos alunos. Mais ainda, esses livros adiantam as estratégias didáticas a serem desenvolvidas para que o tema em pauta seja vencido. Com frequência surgem comentários de que são livros bastante ativos e há quem os considere pautados pelo construtivismo.

Em tais condições, esses livros acabam praticamente ensinando sozinhos, pois, em geral, os encaminhamentos já estão determinados e explicitados. Cabe apenas aos alunos lerem os textos, realizarem as atividades e acompanharem as estratégias didáticas indicadas. Essas, por vezes, em alguns livros, são sugestivas para favorecer a criatividade e, até mesmo, para enriquecer a aprendizagem.

Um breve retrospecto

Até meados dos anos de 1950, os livros didáticos das várias matérias lecionadas nas antigas escolas primárias (no caso que nos interessa, a Geografia aparecia nos grossos compêndios chamados de Conhecimentos Gerais), ginasiais e colegiais eram livros escritos discursivamente, informando conceitos e temas. Quando muito, havia um questionário complementar ao final do capítulo.

Não cabe aqui entrar no mérito dos conhecimentos geográficos contidos nesses livros, pretende-se agora dar conta do tratamento didático neles contido. Em geral, o professor discorria sobre o tema em aulas expositivas e determinava que algumas questões fossem respondidas e corrigidas em seguida, e assim transcorria o ano escolar. Por vezes, uma ou outra atividade, não integrante do texto do livro didático, era introduzida por conta do professor. Pode-se não concordar com a metodologia de ensino então vigente, porém, é preciso reconhecer que o professor de certa forma era o autor de seu trabalho.

A partir de fins dos anos de 1950 e mais ainda nos anos de 1960, os livros didáticos passaram a trazer os conteúdos escritos em textos

mais coloquiais, entremeados de atividades ao longo dos mesmos. Nos anos de 1970, esse tratamento didático atingiu o apogeu no uso de atividades do tipo palavras cruzadas, verdadeiro/falso, preenchimento de lacunas etc., havendo, mesmo, livros escritos sob a forma de história em quadrinhos.

As grandes mudanças textuais dos livros didáticos aconteceram no contexto da abertura da escola para um número cada vez maior de alunos, uma vez que significativas mudanças sociais e econômicas aconteciam no país, com a industrialização, o surgimento de imensas metrópoles e da intensa urbanização. Foi em meados dos anos 1960 que a população urbana tornou-se majoritária em relação à população rural e essa predominância se acentuou pelas décadas seguintes.

Do ponto de vista de seus conteúdos, os livros didáticos eram os canais de disseminação dos itens contidos nos Guias Curriculares estabelecidos oficialmente durante o governo militar vigente no país. É importante também apontar que a própria história da Geografia nos mostra que várias questões hoje levantadas não estavam postas, então, no pensamento geográfico em decurso no Brasil.

Muitos cursos de licenciaturas curtas feitos em três ou quatro semestres formavam professores que trabalhavam em escolas de estrutura precária, boa parte delas organizadas para acolher alunos em quatro turnos diários de aprendizagem (fato ainda hoje presente). Quer dizer, em meados dos anos de 1960 iniciou-se o que alguns denominavam de democratização do ensino obrigatório no Brasil, resultando no citado fato de que, atualmente, 97% dos jovens estão no Ensino Fundamental, a chamada universalização do ensino obrigatório.

Ter sido aluna da escola pública básica desde os anos 1950 e lecionar Geografia desde 1968 me permite trazer à tona algumas transformações vividas. A escola que se foi disseminando adquiriu cada vez mais a organização de uma unidade de produção fabril (ironicamente, algumas escolas tinham um sinal igual à sirene das fábricas). Nessa escola, o tempo de aula tinha se encurtado uma vez que se multiplica-

vam os turnos de aula. Os espaços pareciam ter-se comprimido, dada a lotação das salas de aula, muitas vezes sem o número de carteiras suficientes para os alunos se acomodarem, com um vaivém de alunos e professores transitando pelas dependências da escola.

É nessa escola brasileira que se deu a rápida expansão dos livros didáticos contendo muitas atividades. Eram os livros de Geografia estruturados de maneira a apresentar um ou dois pequenos parágrafos, trazendo informações geográficas. Eles eram imediatamente seguidos de atividades, por exemplo, do tipo "assinale a afirmação falsa e verdadeira" ou "assinale com X a afirmação correta", exigindo do aluno a repetição das afirmações dos parágrafos anteriores.

Os conteúdos geográficos desses livros, além de desenvolverem as indicações dos Guias Curriculares oficiais, passaram a veicular um simulacro simplificado, reduzido e barateado do pensamento didático-pedagógico centrado na atividade dos alunos. Sintomaticamente, os cursos de atualização dos professores em geral eram divulgadores das chamadas "técnicas de ensino".

A partir de meados dos anos 1980, correspondentes ao fim do governo militar no Brasil, vários estados e municípios fizeram suas propostas de ensino, dentre elas, as de Geografia. Elas indicavam o fim da vigência dos Guias Curriculares.

Em fins dos anos 1990, com a implantação dos Parâmetros Curriculares Nacionais pelo Ministério da Educação (MEC), os livros didáticos propuseram-se a implementá-los.

A atual geração de livros didáticos

Com o novo contexto concretizado nos anos de 1990, surgiu o que se considera a atual geração dos livros didáticos. Eles contêm textos que ensaiam desenvolver os diferentes enfoques teóricos realçados nas discussões feitas nas universidades e nos centros de produção da Geografia. Assim, também, trazem textos com base nos Parâmetros Curriculares Nacionais.

Muito embora a linha de abordagem geográfica já não seja a mesma dos tempos do governo militar, boa parte desses livros ainda continua seguindo a trilha didática percorrida nos anos 1970, com desenvolvimento discursivo coloquial entremeado de atividades, estas também não mais as mesmas, aparentando uma modernidade mais condizente com os novos tempos tecnológicos.

O que se torna inquietante é: será que livros como esses não continuam, ao final, substituindo o professor? Será que eles também, na realidade, praticamente prescindem da intervenção do professor que os adota mecanicamente, aula após aula? Fato é que, obras desse tipo, por todas as justificativas levantadas, naquela época e agora, dispensam o professor de construir seu *fazer-pensar* pedagógico, pois este vem pronto.

O critério para definir a pertinência ou não dos livros didáticos é, conforme a explicação dos professores, a facilidade ou a dificuldade dos alunos em entendê-los. Sendo assim, são avaliados como pouco apropriados os livros didáticos com textos mais discursivos. Eles são considerados "massudos" por trazerem conteúdos tidos como muito densos e difíceis, que não fazem concessões ao longo do texto discursivo, mediante a alternância com atividades, exercícios e encaminhamentos para um possível tratamento didático.

Não seria o caso de os livros didáticos serem avaliados quanto à pertinência dos conteúdos, quanto à veracidade e seriedade no seu tratamento? Não seria o caso de ser competência do professor elaborar as trajetórias didáticas a serem percorridas para uma compreensão ativa da Geografia pelo aluno? Não seria o caso de ele, mediante a definição pelo próprio professor de sua condição de ator pedagógico, construir sua autonomia didática? Será que os mapas, tabelas e gráficos e ilustrações existentes no percurso textual não podem ser apresentados ao aluno para uma compreensão ativa dos mesmos? É bom lembrar que eles permitem desenvolver uma propriedade tão cara como a codificação/decodificação/significação dos signos linguísticos

específicos da Geografia, criando condições para a construção de uma linguagem geográfica esclarecedora.

Quando colocada nesses termos, a Geografia constitui-se em um campo fértil de oportunidades para experimentar de maneira muito rica e estimulante várias habilidades e, desta forma, possibilitar ao aluno desenvolver competências criativas de percepção e cognição a serem incorporadas ao seu crescimento.

É questão central no uso dos livros didáticos o seguinte aspecto: tanto um como outro tipo de livro serão equivalentes se o seu uso for mecânico e se ele se constituir, como usualmente tem acontecido, em um livro-guia, o mestre do ensino-aprendizagem. É possível verificar a importância desse tipo de uso se se comparar com uma situação bastante atual, em que muitas escolas particulares "montam" o seu material instrucional que, na verdade, é uma colagem de diversos livros didáticos. O professor dessas escolas "deve" seguir página por página os assuntos contidos nesse material.

Se o livro didático for utilizado como um material auxiliar de apoio ao trabalho didático do professor, este poderá apoderar-se do mesmo, da mesma maneira como ele pode apropriar-se das diversas mídias. O livro didático será, assim, uma dentre todas as outras mídias. Dessa maneira, esse material poderá apenas fazer parte do acervo de estratégias para elaboração do *fazer-pensar* do professor, que poderá, assim, construir sua autonomia, não se colocando como um refém do livro didático ou de qualquer outra tecnologia educacional.

Organização dos tempos e espaços escolares

Na teia de relações que é a escola, todos esses materiais destinados ao ensinar-aprender se entrelaçam em questões sobre a forma de como eles são/podem ser usados. Esses materiais ficam disponíveis em quais momentos, em que circunstâncias, em qual quantidade, se para todos os alunos ou não, se eventual ou permanentemente, se há ambientes

apropriados ou precários para serem guardados ou utilizados. Ou seja, esses materiais se entrelaçam na organização dos espaços e tempos escolares, que pode, ainda, tomar várias outras feições.

Tomando a escola concreta como foco e como base para a organização dos tempos e espaços escolares, colocam-se em pauta questões como: quais espaços? Quais tempos? De quem? Do aluno? Do professor? Da escola? Quer dizer, sob esse termo está contida essa grande variedade de situações e relações.

O tempo escolar, entendido aqui como o tempo total ou o conjunto de anos de escolarização de um nível de ensino, organiza-se em séries, ciclos ou módulos de ensino. Dependendo dessa organização, os processos de ensino-aprendizagem e de avaliação serão afetados. Assim, também, o tempo escolar pode definir o tempo destinado aos turnos e às aulas de cada componente curricular.

Qual será o tempo semanal destinado às aulas de Geografia? Em decorrência, de qual tempo anual e do curso como um todo o professor de Geografia dispõe para desenvolver o curso? Nesses termos, como se organiza o projeto curricular de Geografia? Como o professor de Geografia organiza e desenvolve o tempo disponível para uma aula? Essas e outras questões temporais têm grandes implicações no ensino dessa disciplina.

Na organização dos espaços escolares colocam-se questões cuja importância está no fato de (im)possibilitar o desenvolvimento da aprendizagem. Por exemplo, como o espaço das aulas de Educação Física e de recreio interfere (ou não), dadas as repercussões que poderão advir na condição acústica do ensinar-aprender dentro das salas de aula. Os profissionais da educação que têm permanecido longas horas e muitos anos em uma Escola Básica entendem do que se está falando. Os decibéis de som aceitos do ponto de vista da saúde são um dentre os problemas que levam a Organização Mundial da Saúde a classificar a profissão de professor como profissão penosa.

Como o espaço da sala de aula está organizado? É possível, sempre que necessário, fazer alterações na disposição das carteiras?

Será que existem espaços destinados para biblioteca ou espaços para atividades de leitura? Será que existem salas-ambientes, tão importantes para o ensino de Geografia? Precisamos lembrar que esta se torna mais ativamente compreensiva se forem criadas as condições para um uso mais funcional de seu variado acervo de recursos, mediante a sua oferta em espaços apropriados.

Pode parecer que estamos trazendo uma tempestade de delírios, diante da situação precária das instalações físicas de muitas escolas públicas. Condições mais dignas para essas escolas são, nesse caso, o pré-requisito para pensarmos os aspectos educacionais da organização dos espaços e tempos escolares.

Algumas situações enveredam por particularidades locais, apresentando uma variedade maior do que as colocadas na descrição anterior. Pretende-se tão-somente realçar como a organização dos espaços e tempos contém facetas dotadas de uma grande importância, segundo o peso a ela atribuído pelas propostas metodológicas, como um dos elementos estruturadores do desenvolvimento das atividades.

Desse conjunto de questões advém a necessidade de ser realizado constantemente um trabalho coletivo que canalize a organização dos tempos e espaços escolares no projeto político-pedagógico. Dessa maneira, constroem-se não só as bases institucionais como também as circunstâncias concretas, que podem conferir ao ensino-aprendizagem as pré-condições estruturais necessárias para ele ser bem-sucedido.

O educador está ciente de que, por vários motivos, essas pré-condições costumam não existir ou existem com precariedade. Então, referindo-se ao desafio de todos os educadores escolares em participar da discussão, proposição, deliberação e conquista dessas pré-condições, é necessário destacar a lógica inerente à concepção de que aquele que faz também sabe das condições para esse fazer, na medida em que o fazer é uma das fontes de um saber que se vai acumulando e acrescentando.

Parte-se do princípio de que esse saber alimenta-se mediante a discussão, a reflexão, a incorporação e o fortalecimento de novos saberes

da própria escola e de outras fontes criadoras de saberes. Isso significa um saber que se vai somando ao saber preexistente na escola e vai introduzindo soluções mediante as novas práticas, pensadas e debatidas para o contexto da escola vivida onde acontece o trabalho dos professores.

Projetos coletivos para a organização da escola

> "[...] Em vez da invenção de um lugar tão somente outro, proponho uma deslocação radical dentro de um mesmo lugar, o nosso."
> Boaventura de Sousa Santos. *Pela mão de Alice: o social e o político na pós-modernidade.*

Quando se diz que a escola não está isolada do contexto no qual ela se encontra, é necessário destacar a sua relação direta com a família, com a comunidade local na qual ela se insere e com a sociedade em geral da qual ela é integrante. Análises assim têm sido bastante comuns, mas nem por isso deixam de ser verdadeiras, uma vez que realçam uma situação da qual se queixam muitos professores.

Essas situações se referem a dilemas nos quais está contida a transição paradigmática dos tempos atuais. Quer dizer, as transformações acontecidas mundialmente nos anos de 1990 puseram em xeque os modelos previamente considerados como de uma sociedade mais justa e democrática.

De sua parte, a situação atual vigente nos põe diante das questões geradas pelo neoliberalismo e a globalização econômica que se expandiram e aprofundaram as relações de subordinação e espoliação. Elas acentuam mais ainda as contradições entre o mundo da riqueza e da pobreza. Assim, esse modelo também não satisfaz.

Qual será o modelo de sociedade que se quer para as próximas gerações? Como proceder para que ele se concretize? A escola tem algum papel para a construção e realização desse modelo? São questões que se colocam enquanto educadores, enquanto pais/mães de alunos, enfim, enquanto cidadãos. Entretanto, carece-se de modelos prontos, ou seja, de paradigmas.

Então, temos diante de nós uma crise de paradigmas. Ela nos leva a retomar algumas questões que podem auxiliar a busca de um outro, tendo em vista que procuramos novas situações mais condizentes com as nossas necessidades. São questões cuja resposta ainda está por se fazer. Ao se saber, apenas, que a situação vigente não satisfaz e que ela tem seus reflexos no âmbito da escola, cabe-nos, como professores, debruçarmos sobre as condições desse contexto. Não é a esse respeito que nos manifestamos quando tecemos sérias críticas à escola?

Boaventura de Sousa Santos refere-se ainda a estes nossos tempos de transição paradigmática e chama a atenção para a necessidade de tirarmos todas as consequências dessa condição. Não se trata de inventar algo novo, um novo lugar. Trata-se da necessidade de realizarmos um movimento rumo ao nosso próprio lugar e, como somos professores, significa fazermos uma escola organizada coletivamente pelos seus próprios protagonistas. A organização dessa escola, porém, requer que mergulhemos nas suas contingências, cuja compreensão pode ser um instrumento para a sua superação.

Dentre essas contingências, destacamos, por sua frequência e intensidade, a questão da chamada disciplina escolar. Trata-se de uma questão simplesmente escolar? Quais são seus possíveis elos com a sociedade como um todo? Existe uma crise paradigmática, de modelos e valores do mundo atual que se articule a essa situação escolar?

Disciplina escolar

Quando se discute o ensinar-aprender Geografia na escola pública, costumam eclodir questões colocadas como situações criadoras de obstáculos à aprendizagem escolar. Realmente, em vários casos é preocupante o quadro de depredação das instalações físicas da escola, assim como a questão da disciplina dos alunos nas escolas.

Estamos tratando esse tema como um item integrante da organização da escola, por vermos, em termos gerais, a necessidade de a disciplina escolar ser pensada e receber um tratamento coletivo. Muitas escolas públicas e particulares, evidentemente, não merecem

ser incluídas na presente análise. Entretanto, à experiência pessoal de professora e diretora de escola pública somamos os relatos atuais feitos pelos professores do Ensino Básico e pelos alunos da licenciatura em Geografia, quando eles regressam dos estágios realizados na escola. Esse quadro precisa ser apontado e assumido com toda a franqueza como uma situação real.

A disciplina escolar é um tema de grande complexidade que não pode permanecer no âmbito das análises centralizadas apenas nas atribuições de responsabilidades do trabalho docente e da organização escolar. Estes, em geral, são colocados pelos estudiosos do tema como os grandes responsáveis pela situação em que se vive o cotidiano da disciplina escolar.

É indispensável que se faça uma análise no contexto da sociedade hoje, sem a qual permaneceremos no âmbito das simples responsabilizações. Se estas devem vir à baila, não são suficientes, e quem vive o cotidiano escolar é testemunha da precariedade de uma discussão nesse patamar. Assim, também, é insuficiente permanecer nas análises da reprodução social, embora seja necessário que sejam levadas em conta para a compreensão das questões relacionadas com a disciplina escolar.

É preciso iniciar a discussão tendo como base, de um lado, o par professor-escola e, de outro lado, o aluno, pois a questão da disciplina escolar acaba colocando-os, de maneira geral, em uma situação de polaridade.

Falando da escola e do professor
Em geral, identificam-se na escola e no professor as características do autoritarismo que os leva a se relacionarem com os alunos de modo a criar nestes uma situação propiciadora de alguma forma de contestação considerada indisciplina. Essa contestação tem diversos modos de se mostrar, aparecendo ora como uma depredação das dependências, do mobiliário, ora como uma resposta enviesada ou sarcástica. Ou

surgem até mesmo situações além do limite do decoro aceitável, que chegam até a agressão física.

Destaca-se também, por vezes, os próprios profissionais da educação manifestam-se de uma maneira semelhante. Testemunhei, certa vez, em uma escola municipal, uma colega professora chamar o aluno de "maloqueiro", de "macaco".

Paulo Sérgio Pinheiro (Pinheiro, 1984) denominou de *autoritarismo socialmente implantado* as origens das práticas autoritárias. Significa que, desde os altos estratos sociais até os segmentos mais simples, em que homens anônimos vivem o seu dia a dia, percorre a sociedade uma prática autoritária. Esta se estabeleceu desde as mais remotas épocas e é reforçada por grandes momentos de autoritarismo político como as ditaduras militares. O cidadão comum sente-se uma autoridade em seus atos vividos como atos de mando, a exemplo dos porteiros de prédios. Os homens comuns pensam construir uma aparência de importância mediante o uso de frases como *você sabe com quem está falando?*.

Nas análises sobre esses aspectos é, sem dúvida, um ponto de partida básico, inquestionável e elementar a necessidade de serem diferenciados o autoritarismo e a autoridade. Contribui bastante para a sua compreensão a análise de Regis Morais (Morais, 1996), que contextualiza a complexa questão disciplinar, para a qual ele aponta a necessidade de os sujeitos educacionais realizarem um contrato.

Essa análise pode ser estendida no sentido contrário à situação anterior, trazendo à tona outras situações que fazem parte da cota de responsabilizações da escola (entendendo-se, em especial, a sua direção). O tratamento que a escola dispensa aos casos considerados como indisciplina é, por vezes, o de não se posicionar diante dos mesmos, como se estivesse omitindo-se. Da mesma maneira, também são apontadas as responsabilizações do professor por uma eventual inabilidade na condução e desenvolvimento das aulas. Conforme o relato dos alunos das licenciaturas que retornam dos estágios nas escolas

públicas, o que muitos desses professores fazem é simplesmente deixar o tempo de aula correr, qualquer que seja o ambiente.

Tanto a condução autoritária da escola como a recusa em intervir na organização escolar desempenham, sem dúvida, um papel relevante na existência da indisciplina escolar. Embora seja necessário que as duas sejam vistas em sua relatividade, o que costuma ser afirmado é que a escola e o professor são inadequados para o aluno do Ensino Fundamental hoje. A denominada indisciplina escolar costuma ser acompanhada por aprendizagens de alguma maneira problemáticas, constituindo assim o chamado fracasso escolar.

Podemos, ainda, levantar a questão do currículo. Quando ele é elitista, está fora de sintonia com as necessidades dos alunos quanto ao tipo de saber que estes desejam e necessitam, uma vez que eles são em geral integrantes das classes populares. Trata-se de um currículo que não respeita as características das mesmas, tanto é que acaba gerando *inaceitação* e, a partir desta, a indisciplina.

Alguns teóricos referem-se também ao "currículo oculto", segundo o qual as práticas escolares concretas, dentro e fora da sala de aula, levam a discriminações de várias ordens como o preconceito étnico e socioeconômico, num total desrespeito à dignidade e direitos humanos. Sem dúvida, esses dados, que não são raros, são de grande gravidade e devem ser levados em conta no diagnóstico da indisciplina escolar, dada a sua importância.

Uma situação relatada em minha tese de doutorado ilustra fatos como os expostos anteriormente, como espectador e copartícipe, pois faziam parte da gestão escolar. Trata-se de uma professora alfabetizadora das séries iniciais. Como ela não permitiu ao aluno sair da sala de aula para satisfazer suas necessidades fisiológicas (e, evidentemente, ele resolveu seu problema no próprio local), criou-se uma situação de conflito, especialmente com os pais do aluno. A professora explicou sua atitude definindo-a como uma medida disciplinadora.

Cabe a nós entender a concepção de disciplina, até comum, que essa professora tem. Com base em Michel Foucault (Foucault,

1979; 1987), é possível entender os processos que levam à necessidade de o corpo ser disciplinado. Trata-se da interiorização precoce e a qualquer preço de repressões através de respostas corporais que demonstrem a contenção da pessoa diante de qualquer situação.

Dito de outra maneira, ao se buscar uma explicação para o procedimento da professora, está-se fazendo um esforço para se realizar uma compreensão contextualizada.

São diversos os casos que presenciei ao longo de todos esses anos em Escolas Básicas. Porém, isso pode tornar-se tanto doloroso quanto revoltante e esses casos não constituem somente situações para fazermos apreciações quanto ao seu mérito. São, mais do que isso, situações para serem pensadas do ponto de vista de políticas públicas educacionais, voltadas para uma educação continuada dos educadores e para uma reorganização escolar.

Esse quadro foi criado justamente no momento em que a forma de atuação desse modelo de professor passou a tornar-se cada vez mais fragilizada. Trata-se de uma situação baseada, em parte, no fim das Escolas Normais nos anos 1970 e sua transformação em habilitação para o Magistério, na formação do professor das séries iniciais do Ensino Fundamental. De outra parte, concorreu também para tornar frágil a formação do professor o grande crescimento, principalmente a partir dos anos 1970, dos cursos de licenciatura curta na formação dos professores das disciplinas das séries finais do Ensino Fundamental e do Ensino Médio.

É importante destacar que as políticas públicas têm, na realidade, desprestigiado essa formação continuada dos educadores. Elas também têm menosprezado a criação de bases estruturais para que o trabalho escolar possa acontecer, se não a contento, pelo menos para começar a gerar, gradativamente, condições instauradoras de uma relação menos conflituosa.

Falando dos alunos

São os aspectos como os relatados anteriormente que acabam fazendo parte da parcela de responsabilizações colocadas à escola e aos

professores. É importante, contudo, apontar também alguns aspectos que podem ser relacionados aos alunos, isto é, ao contexto social, cultural e econômico que tem colocado vários desafios à escola e aos professores.

Um conjunto de situações, por articularem-se à maneira como a sociedade atual apresenta suas contradições, acaba vitimizando a criança e o jovem que, sendo alunos, desenvolvem também na escola suas relações conflituosas. Estes, no outro lado do elo, acabam penalizando a escola e o professor, como se estes não fossem, da mesma forma, expressões contextuais da sociedade hoje.

Os jovens pobres das escolas públicas são, na maioria, integrantes de uma fração da sociedade que vive uma grande contradição. Trata-se de ser-lhes exigido, para quando chegarem à idade adulta, o preparo para a vida do trabalho, sendo a escolarização uma das vias identificadas para esse preparo. Entretanto, por outro lado, esses jovens estão imersos em uma sociedade do desemprego e do não-emprego, estando-lhes apontada a perspectiva de um mundo do trabalho, quando muito, cada vez mais predominantemente informal. As transformações futuras do mundo do trabalho advirão de uma maneira ainda mais avassaladora, com desdobramentos de ordem sociocultural (Antunes, 1995).

É uma sociedade contraditória. Ela requer das pessoas que se prepararem para algo, o trabalho, que, seguindo uma tendência em nível mundial e no Brasil, vai caminhando para a raridade. Ao mesmo tempo, ao serem criadas hoje a esses jovens pobres as condições para a concretização da escolarização, que é um direito público subjetivo, essa escolarização praticamente concretiza um parco preparo.

Agravando esse quadro, à pouca perspectiva futura somam-se as expectativas criadas pelo mundo resultante da globalização econômica e da indústria cultural. Estas vão expondo a vitrine do mundo a todos, inclusive aos pobres. Isso vai somar-se a um sentimento de beco sem saída dos dias que eles vivem e, que, entretanto, precisam de alguma forma superar.

Por outro lado, a entrada cada vez maior da mulher pobre no mercado de trabalho das cidades deslocou, em decorrência, as tarefas da socialização primária. Esta ficou cada vez mais sob a responsabilidade de outros atores educacionais, em especial da escola, cujo trabalho tornou-se mais complexo ainda.

Essa sobrecarga do trabalho escolar, que ficou visível principalmente a partir dos anos 1970 do século XX no Brasil, passou a acontecer em um contexto de entrada crescente de alunos em escolas públicas. Isso, de sua parte, implicou sobrecarga na jornada de trabalho e nas condições de trabalho do professor, com o aumento do número de alunos de cuja aprendizagem o professor passou a ficar responsável.

Os jovens pobres que passaram a ter acesso à escolarização são, na maioria, parte de uma realidade na qual as transformações sociais alteraram os tempos, os rituais e os atores de sua socialização primária. Por essa razão tornou-se fundamental desenvolver a compreensão dos alunos nas suas circunstâncias, nas quais eles são sujeitos sócio-históricos. É expressando essa condição que eles frequentam a escola pública.

Não é o objetivo dizer que esses alunos estejam de posse de lucidez sobre a situação contraditória presente no interior de sua condição. Porém, é possível ousar dizer que, da maneira como os alunos vivem essa situação, eles têm um pressentimento desse quadro.

A teia das relações escolares
A questão disciplinar implica situações de tensão, conflito e até mesmo violência, e se localiza na confluência de vários atores escolares, envoltos em uma intrincada teia de interesses.

O fato é que, dada a complexidade e dificuldade de práticas voltadas para a questão da disciplina, a escola e os professores não podem ser tidos como os seus únicos ou os maiores responsáveis. Assim, eles também não podem, contraditoriamente, ser os grandes penalizados, diante das dificuldades em estabelecer-se uma relação coletiva mais favorável para o ensinar-aprender e para uma sociabilidade mais humanizadora.

Foram elucidados aqui alguns dos aspectos usualmente colocados na análise da questão da disciplina escolar, vistos por alguns ângulos,

com o objetivo de enfatizar a importância da escola como um espaço de aprendizagem e de realização existencial.

Tais análises podem dar margem a uma conclusão de que ninguém é responsável e, portanto, inexistem soluções para a questão disciplinar nas escolas brasileiras. No entanto, entende-se não ser viável uma educação sem as regulações necessárias à vida coletiva. Cada vez mais os educadores têm se manifestado nessa linha. É essencial empenharmo-nos na formação de identidades autônomas, mas, ao mesmo tempo, estas precisam estar abertas para fazer parte de modo disciplinado dos "projetos de vida e produção cada vez mais coletivos". (Kuenzer, 2001: 147).

Quando nos propomos a construir e concretizar um projeto de escola humanizadora, torna-se necessária a realização do exercício da determinação, clareza e autoridade. Entende-se que essa realização implica investimento de um esforço regulador construtivo pactuado.

Na realização desse esforço, os educadores precisam levar em conta que entre a cultura escolar e a cultura das ruas criou-se um fosso que vai ampliando-se. Para lembrar alguns aspectos desse fosso, vide os depoimentos dos meninos pichadores de rua explicando-se como *gangs* em competição quanto à capacidade de picharem locais os mais difíceis. Quanto maior for a visibilidade de suas pichações, maior será a notoriedade que poderá, segundo suas concepções, tirá-los do anonimato.

Como não entender esses jovens, se lembrarmos que, no nosso contexto, a proeminência, o destaque e o sucesso das pessoas funcionam como se fossem um salvo-conduto para o abrigo e o recebimento de um tratamento "vip"? Entendê-los não significa concordar com tais práticas, mas permite que se recoloquem em pauta alguns pontos para a constituição das identidades, como a revalorização das pessoas, sua não-depreciação, sua não-desqualificação.

Quanto à situação de degradação física em que se encontram várias escolas públicas, podem-se buscar alguns elementos explicativos em um quadro também carregado de contradições. Esse quadro aponta

que, por vezes, a própria população, difícil de ser identificada, agrava a situação de degradação das escolas públicas. É possível, certamente, tratar da crise econômica que tem empurrado as populações a se apropriarem de um patrimônio público para auferir alguma renda. Seja cultural ou econômico o motivo, evidencia-se a carência ou mesmo a inexistência de limites e de identificação entre o que é público e o que é privado.

Os danos físicos às instalações da escola, entretanto, podem ser encarados também como uma forma de rejeição ou contestação da instituição escolar. Esta, frequentemente, não tem dado respostas adequadas à população, seja do ponto de vista das diversas mediações que ela realiza com a sociedade, seja do ponto de vista das aprendizagens específicas oferecidas.

Alguns analistas da escola referem-se às suas imensas tarefas quase sempre como se ela estivesse dotada de autonomia, faltando-lhe apenas vontade educacional e política. Sabemos que não é sempre assim. A complexidade da situação das escolas implica a necessidade de ela buscar soluções objetivamente construídas, sem, no entanto, desprezar questões relacionadas às subjetividades.

Na atualidade, em algumas escolas a situação é extremamente grave, em especial nas localizadas em bairros chamados de alto risco, por causa da alta incidência da violência. Essas situações devem ser levadas em conta; nesses casos é indispensável uma política da escola.

É mister destacar análises como as de Carla Araújo (Araújo, 2002). Ela faz um estudo de caso mostrando com contundência o efeito da violência social e escolar em uma escola de Belo Horizonte, comprometendo a construção da identidade e sociabilidade dos jovens. Trata-se de uma relação de dupla mão. Ela acontece a partir do violento bairro de moradia dos alunos (e das práticas violentas deles mesmos) para a escola. E, de outro lado, a partir da escola (autoritária e desorientada) para os alunos. O medo que transpassa esses jovens coloca-lhes diversas ambiguidades, seja no bairro de moradia, seja na escola. Qual identidade e qual sociabilidade podem advir?

Atuando como supervisora de ensino e diretora de escola pública de um bairro da periferia de São Paulo, identifiquei as mais diversas e profundas feridas em todos os setores relacionados com a escola: professores, alunos, pais, comunidade. Eram várias as acusações e responsabilizações entre eles e, em síntese, todos esses setores carregavam parcelas da responsabilidade pela situação disciplinar na escola e, ao mesmo tempo, todos eram penalizados pela mesma.

Portanto, não se trata de permanecer apenas no âmbito das responsabilizações, mas, ao realizar o levantamento dos problemas e de seus responsáveis, é imperioso que eles sejam corajosamente aceitos para serem tratados objetivamente como questões educacionais a serem resolvidas, a fim de que a escola cumpra o seu papel de agente de socialização e de aprendizagem.

Há um desafio que, efetivamente, está no trabalho coletivo da escola, inclusive para a busca do atendimento das suas necessidades junto aos poderes instituídos.

Em geral, os professores e gestores de escola costumam responder, diante desse quadro, com um sentimento de revolta, imbuídos do espírito de que estão sendo injustiçados. Eles têm razão e, efetivamente, só quem não teve experiência profissional em escolas públicas é capaz de, arrogantemente, deixar de solidarizar-se com esses educadores.

A construção de um projeto coletivo

Em razão do quadro dramático a que as escolas estão submetidas, como anteriormente descrito, as políticas públicas não podem omitir-se, pelo contrário, precisam "entrar no jogo". Quanto às iniciativas governamentais solicitando a participação e evocando a autonomia por parte da escola, os professores de São Paulo diziam: "professores, uni-vos e virai-vos".

De fato, não bastam pronunciamentos oficiais e chamamentos para a mobilização. Faz parte das obrigações do governo criar condições, colocando à disposição da escola a infraestrutura e recursos de diversas naturezas que podem integrar os projetos de reorganização escolar.

No entanto, é essencial que o conjunto da escola (setor diretivo, conselhos, colegiados, professores, alunos e pais) dialogue. Esse é um caminho para tratar as questões centrais comprometedoras do ambiente escolar específico, levando em conta, quem sabe, alguns dos aspectos que foram relatados de forma resumida.

Essa é uma empreitada frequentemente expressa pelos professores com pessimismo, em relação aos seus resultados. Contudo, compreender o porquê dessa dificuldade já faz parte do caminho para uma discussão a respeito do próprio contexto em que vivemos e pelo qual se traçam os percalços da escola. Por que temos dificuldades em discutir nossos problemas? Essa compreensão pode inclusive servir a uma estratégia que possa dar a liga às diferenças entre os vários setores que convivem na escola.

É que, na realidade, a comunidade faz parte de um ideário cultivado e cuja prática é problemática, se a pensarmos enquanto um coletivo de pessoas ligadas por traços comuns, portadoras de elos de solidariedade e interesses que possam convergir no cotidiano da vida das pessoas.

É necessário desmistificar essa concepção para poder entendê-la. Essa concepção de comunidade foi praticamente colocada no limbo com o advento e o desenvolvimento do capitalismo. Este requer a preponderância do interesse individual e da competição, colocando entre as pessoas relações no mínimo desiguais, em que imperam a espoliação e dominação de uns sobre outros. Então, como podermos falar em comunidade? Muito em razão desse contexto é que encontramos dificuldades em estabelecer relações coletivas que busquem soluções de consenso.

Vamos lembrar que a comunidade é um dos três pilares formulados e alardeados (juntamente com "participação" e "relação escola-empresa") com os quais o antigo acordo MEC-USAID dos idos dos anos de 1960 passou a realçar a política de intervenção ideológica no âmbito da escola. Desde então, identifica-se cada vez mais insistentemente a disseminação desse ideário. Assim, enfatiza-se a

comunidade como a instauração da relação harmônica na sociedade, mas, de fato, muitas vezes ela é apenas uma palavra (Chauí, 1972).

Em vez de colocar os educadores em um sentido contrário à comunidade e à participação, independentemente de qualquer conteúdo que se possa dotar-lhes, acredito que a comunidade pode ser constituída não como uma relação harmônica, mas como uma relação entre pares. É quando estes se pactuam na convergência dos próprios interesses que se definem e se constroem entre eles mesmos, com suas identidades e diferenças.

Nesse sentido, educadores não são apenas os professores, mas todos os protagonistas sociais dotados de vontade e capazes de desenvolver um aprendizado que seja um vínculo entre os seres humanos. Temos a convicção de que juntas, escola, comunidade e família podem construir um ambiente articulado e indissociável para uma aprendizagem mais generosa e construtiva, ao se proporem a essa empreitada que é eminentemente uma prática política.

O projeto político-pedagógico

A importância de uma articulação pactuada entre a escola, a comunidade e as famílias dos alunos está em se propor a um trabalho coletivo que pode ser contratado em um projeto político-pedagógico. Referir-se a ele frequentemente provoca ironia entre os professores, uma vez que é, também, um termo desgastado pela maneira artificial e caráter meramente oficial com que ele é feito.

Seja com essa denominação ou outra, o projeto político-pedagógico é essencial. Ele é essencial e deve ser elaborado com perseverança imbuída do espírito de uma carta de princípios a ser definida pelo coletivo, mediante discussão, exercício de negociação e busca de acordos no estabelecimento de suas regulações.

Trata-se, sem dúvida, de uma difícil empreitada, porém ela é necessária, pois expressa os compromissos e os pactos das partes envolvidas na solução de situações difíceis que as afetam. Isso se torna

um grande motivo para que esse projeto político pedagógico seja realmente colocado em prática, e não tratado como usualmente tem sido feito. Muitas vezes é um documento que se escreve apenas para se encaminhar às instâncias institucionais do sistema de ensino para, depois, a própria unidade escolar engavetá-lo nos seus arquivos.

Não se está dizendo que, automaticamente, a escola possa chegar às maneiras de efetivamente colocar em ação os conteúdos desse contrato. Devemos reconhecer e lembrar a nossa pequena tradição na negociação entre as partes e na prática concreta dos pactos que respeitem a isonomia das partes pactuadas.

Nesse sentido, entendemos que um projeto político-pedagógico deve ser constantemente discutido quanto à maneira de ser colocado em ação, uma vez que nem sempre o que foi negociado e pactuado pode estar sendo praticado por algum ou alguns dos atores educacionais. Deve, mesmo, ser reelaborado à luz de novas necessidades, de novos contextos, repactuando-se diante de uma realidade dinâmica.

Enfim, é como a democracia que é tecida no interior da escola, e ela nem sempre será linearmente praticada, nem sempre será sem conflitos. Ou seja, está sendo construído o aprendizado da democracia, e esta será desenvolvida como uma prática constante.

É possível a comunidade adentrar à escola propositivamente, e a escola igualmente adentrar à comunidade também propositivamente. Essa negociação e pactuação implicam organização da escola, uma vez que estamos discutindo a questão da disciplina escolar.

Existe a possibilidade de um desdobramento em intercâmbios de intervenções mútuas entre escola e comunidade, e, nesse sentido, o professor de Geografia é uma figura essencial. Isso porque, dada a natureza dos conhecimentos dos quais ele é portador, ele tem todas as condições de realizar atividades em que a solidariedade esteja na base de um trabalho coletivo. Além de poder atuar na direção dos laços que se vão constituindo, estreitando-se e formando as bases de uma relação escola-comunidade como uma relação entre pares.

Sistemas de ensino e políticas públicas

Os professores e os críticos da educação costumam afirmar, com grande razão, que as políticas públicas são, na maior parte das vezes, as grandes responsáveis pela situação existente em muitas escolas públicas do país. Referem-se às políticas que emanam dos sistemas de ensino desde o nível local até as estabelecidas em nível federal.

Quando se fala em educação libertadora, esta inevitavelmente se associa ao nome de Paulo Freire. Ele diz ser ingênuo esperar da classe dirigente a aplicação de políticas públicas que atuam contra ela mesma (Freire e Shor, 1986: 49).

Uma análise mais detalhada auxilia na compreensão desse quadro. Segundo relatórios do Banco Mundial, para um ensino de qualidade são importantes, pela ordem, 1º biblioteca, 2º tempo de instrução, 3º tarefas de casa, 4º livro didático, 5º conhecimento do professor, 6º experiência do professor, 7º laboratório, 8º salário do professor e 9º tamanho das classes. (Torres, 1996: 134).

No seu conjunto, esses aspectos são importantes, porém não são os únicos aspectos básicos a serem focados na gestão educacional. Ainda assim, levando-se em conta apenas os aspectos escolhidos pelo Banco Mundial, de início, duas questões devem ser levantadas.

Essas necessidades educacionais são chamadas "insumos", significando que se está concebendo a educação como um empreendimento cuja natureza é econômica em sua essência, cabendo tratar os aspectos implicados como elementos de um investimento financeiro.

A nosso ver, concordando com Torres, existe uma inversão de valores não só nessa concepção de educação, mas, também, na compreensão dos aspectos educacionais colocados como uma listagem de prioridades para os investimentos. Essa concepção praticamente desconsidera o fato de que esses aspectos educacionais, por constituírem uma teia de relações, devem ser tratados enquanto tal, através de uma política que articule as diversas materialidades da educação.

Além do mais, mesmo que se leve em conta a contingência de os investimentos públicos serem feitos de acordo com uma escala

de prioridades, a maneira como esta é feita aponta várias distorções, pois reflete o papel dado aos diferentes aspectos constituintes das políticas educacionais. A maneira como tem sido desenvolvida a política educacional no Brasil é indicativa de que ela tem caminhado na direção das concepções do Banco Mundial.

É preciso ter em mente as políticas públicas emanadas de qualquer instância, diante das quais precisamos nos posicionar, por sermos sujeitos sócio-históricos e, por isso, atores educacionais. Contudo, não somos tão-somente uma decorrência direta dessas políticas. A própria realidade, que é múltipla, mostra-nos um movimento contraditório no qual a diversidade de forças alimenta o diferente.

Parece, pois, que a escola tem diante de si um grande desafio. Consideremos o quadro colocado quanto aos diversos aspectos analisados neste capítulo, como os materiais de consumo e permanente, os livros didáticos, a organização curricular, a organização dos tempos e espaços escolares, todos necessários ao desenvolvimento do ensino. A escola se vê diante do desafio de, coletivamente, buscar as respostas possíveis, inclusive através da intervenção política a ser feita em instâncias as mais diversas.

Se a ideia é desenvolver um ensino de Geografia de relevância social, é importante levar em conta o conjunto de relações que caracteriza a escola. Esta passa por um contexto espaço-temporal bastante complexo que, como foi analisado brevemente, é também político. E, se o objetivo for falar honestamente do ensino de Geografia, não há por que deixar de mencionar, mesmo que de maneira rápida, por onde se tece a relação escola-sociedade e por onde passa a intervenção do professor de Geografia.

Não há por que não enfatizar que o fundamento do papel dos professores define-se na condição de nos colocarmos como protagonistas, cujo papel vai desde o de mediadores do ensino-aprendizagem até o de atores educacionais, cuja intervenção, como visto anteriormente, vai além do espaço da sala de aula e da escola.

Fazer-pensar: fonte do ensinar-aprender

> "[...] em todos os casos há sempre uma *ação*, por rudimentar que seja, e um *pensamento*, por mais elementar que se possa considerá-lo".
>
> Caio Prado Jr., *Dialética do conhecimento*.

É o fazer-pensar que nos move para organizar os tempos e espaços escolares ou para suprir a escola dos materiais necessários ao ensinar-aprender. Sendo assim, consideradas todas as "variáveis" analisadas no capítulo anterior, é necessário dar o destaque merecido ao fazer-pensar. Ele é a fonte não só das ações implicadas nessas "variáveis", mas, principalmente, do ensinar-aprender. Por isso, esse aspecto da escola que integra a sua teia de relações merece ser tratado como um capítulo à parte.

É essa finalidade que leva a discutir, mesmo que rapidamente, o fazer-pensar do professor e do aluno, essa relação dialética entre a ação e o pensamento. Eles são constituintes de um processo no qual o ser humano se faz a si e ao mundo, constituintes de um processo em que ele se relaciona consigo e com a realidade exterior a si.

Abrindo este capítulo com a breve citação de Caio Prado Jr., os grifos feitos pelo próprio autor sinalizam o que se está querendo dizer. O pensamento humano se alimenta e se constrói no contato com o mundo no qual ele exercita a prática, a atividade, o fazer imerso na realidade desse mundo. Nesse pensamento produzido, a pessoa se embebe para suas novas práticas, seus fazeres subsequentes, que também são referências no desenvolvimento dos pensares.

Fazer e pensar são indissociáveis

Como nos colocarmos nas práticas que acontecem ao longo de nossa existência? Como essas práticas, quaisquer que sejam elas, encontram lugar na maneira como se pensa e se expressa o mundo? Por sua vez, como a maneira de conceber e expressar o mundo vai incorporar-se em nossas práticas?

Há uma articulação indissociável entre o fazer e o pensar, há uma incessante e imensa atividade na percepção, e na sensibilidade. Há um fazer, uma ação por parte dos órgãos de percepção que, na verdade, constituem um feixe complexo interligado, que é a experiência sensível. O ser humano, sendo efetivamente um ser ativo, relaciona-se com o mundo exterior pela ação, que articula o pensamento e a realidade exterior.

A percepção é primordial, ao colocar a pessoa em contato primeiro com a realidade, e é o modo como o indivíduo obtém os dados sobre o meio, extraindo essa informação e mobilizando uma vasta ordem de energia física que estimula os sentidos do organismo.

Ao se dizer que a percepção é o processo pelo qual as informações sobre a realidade são extraídas e recebidas pelo ser humano, está-se também dizendo que, desde sua origem, ele constrói suas relações com o mundo, incorporando-o.

A aprendizagem pode ser entendida como o processo pelo qual o ser humano percebe, experimenta, elabora, incorpora, acumula as informações da realidade transformadas em conhecimento. O ser humano desenvolve esse processo em diferentes patamares através de

um fazer em sua relação com o mundo. Ele interioriza e incorpora as informações, elaborando cumulativamente o acervo do seu universo sociocultural e do seu organismo natural.

A aprendizagem realizada facilita uma obtenção subsequente de informações, uma vez que os dados a serem incorporados adquirem contornos em um mundo que se vai construindo no ser humano, servindo como referência para essa incorporação. Não é uma incorporação nos mesmos termos anteriormente realizados pelo ser humano; ela integra o processo de aprendizagem que se dá na interação, na relação ativa do ser humano e o seu fazer, com o mundo que é o seu ambiente.

Considera-se que tal processo, apesar de ser característico do ser humano no seu desenvolvimento ao longo de sua existência, não é sempre linear e evolutivo. Esse processo encerra movimento, ritmo, extensão e direção segundo circunstâncias inerentes à própria pessoa ou segundo circunstâncias socioculturais que se vão interpondo no processo de desenvolvimento dessa pessoa.

Não se trata de buscar responder o que vem antes e o que vem depois entre a ação e o pensamento. Na verdade, eles fazem parte de um mesmo e incessante movimento. Julga-se ser importante entender esse movimento interligando a ação e a reflexão, o conhecimento prático e o conhecimento teórico. Eles são indissociáveis e, por isso, esse empenho é um exercício sobre o fazer-pensar geográfico voltado para o ensinar-aprender Geografia na escola.

Coloque-se essa questão do ponto de vista do aluno. Isto é, como se expressa o seu fazer-pensar? Como se expressa o fazer-pensar geográfico do aluno? Esse é um ponto de partida essencial para o ensinar-aprender Geografia.

As considerações sobre este assunto terão seu ponto de apoio em algumas situações concretas com as quais se convive ao longo das atividades profissionais. Lançando mão de bases empíricas, estaremos nos empenhando em uma tentativa de, fazendo e pensando, realizar um exercício de articulação entre o fazer e o pensar.

O auxílio dos dados de uma pesquisa

Para fomentar essa reflexão, analisaremos dados de um trabalho realizado na Faculdade de Educação da Universidade Federal de Minas Gerais (FAE-UFMG), tendo sido coletados dados entre os anos de 2000 e 2003. Seu tema central é "Práticas escolares geográficas: o campo e cidade nas representações dos alunos das 4as séries do Ensino Fundamental de Minas Gerais".

A pesquisa foi feita em escolas de contextos diversificados e localizadas em municípios mineiros de diferentes regiões geográficas. Os aspectos da investigação que interessam ao presente texto serão expostos começando pelo quadro geral que apresenta o universo da pesquisa. Posteriormente, serão analisados vários aspectos pertinentes à temática deste trabalho.

Município	Turma nº	Nome da escola	Nº de alunos
Abaeté	1	E. M. Irmã Maria de Lourdes	30
Belo Horizonte	2	E. E. Dr. Antônio Canedo	30
Belo Horizonte	3	E. E. Bueno Brandão	30
Belo Horizonte	4	Instituto Metodista Izabela Hendrix	26
Belo Horizonte	5	E. M. Aurélio Pires	16
Belo Horizonte	6	E. M. Aurélio Pires	25
Iturama	7	E. M. Prof. João Ribeiro Rosa	26
Virginópolis	8	E. E. Prof. Francisco Dias	24
Virginópolis	9	E. M. Profa. Dra. Helena Coelho	15
Virginópolis	10	E. M. Guilherme Machado	14
4 municípios	10 turmas	9 escolas	236 alunos

Em Abaeté, município do médio curso do rio São Francisco, a investigação foi realizada em uma escola bem referenciada e indicada pelas autoridades locais. A professora, instruída pela Secretaria de Educação e pela direção da escola, tinha ministrado previamente aulas sobre o tema "zona rural e zona urbana", sem saber como esse tema seria tratado na pesquisa.

Em Belo Horizonte buscou-se abranger várias escolas que presumivelmente poderiam apresentar uma diversidade de situações de

aprendizagem: uma escola estadual da zona sul da cidade, basicamente frequentada por alunos da favela Cabana (turma 2); uma escola estadual localizada no Savassi, bairro de alto padrão econômico, frequentada por alunos da classe média (turma 3); uma escola particular considerada de alto padrão de ensino (turma 4); uma escola municipal integrante do Programa Escola Plural, com duas turmas distintas: uma classe composta por alunos de maior maturidade (turma 5), e outra classe de aceleração (turma 6). São denominações dadas pela escola, significando diferentes formas de agrupamento, definindo-se, respectivamente, os alunos que apresentam uma aprendizagem com êxito e os alunos com maiores dificuldades de aprendizagem.

Em Iturama, município localizado no extremo oeste do Triângulo Mineiro, a pesquisa foi realizada em uma turma de escola da periferia da zona urbana, porém basicamente frequentada por alunos moradores da zona rural (turma 7).

Em Virginópolis, pequeno município localizado ao norte de Minas Gerais, próximo a Governador Valadares, trabalhou-se com a turma de uma escola estadual localmente bem conceituada, situada em uma área central do município (turma 8); com uma turma de escola municipal localizada em uma favela da periferia da cidade (turma 9); e com uma turma de escola municipal de um bairro rural muito distante da zona urbana do município (turma 10). Trata-se de um município destacado localmente pelos altos índices de migrantes clandestinos que vão para os Estados Unidos.

Essa pesquisa privilegiou os temas "campo e a cidade" por serem muito presentes quando se trata da Geografia no Ensino Básico.

Alguns elementos transparecem de uma maneira significativa, nos quais as pessoas trazem à tona uma realidade vivenciada. São situações recorrentes, querendo, com este termo, fazer referência àqueles aspectos visíveis e constantes no modo de as pessoas expressarem o seu mundo.

É preciso, entretanto, ter-se a cautela de que não se deve levar à risca as conclusões sobre o ponto de vista de como as relações entre fatos acontecem. Se tais relações forem encaradas como uma lei, pode-se

proceder a uma análise pautada por um esquematismo rígido, guiada por um "determinismo" na busca da compreensão do mundo.

O problema dos determinismos absolutos está no risco de se elaborar concepções mecanicistas, isto é, concepções desenvolvidas seguindo automaticamente as mesmas regras já utilizadas. Por esse motivo, as concepções passam a ser consideradas explicações verdadeiras, simplesmente porque resultaram da aplicação daquelas regras. Proceder dessa maneira pode distorcer ou comprometer a compreensão de algumas situações, que nem sempre são cabíveis nessas explicações resultantes de regras rígidas.

Então, de um lado, é preciso ter a clareza de que, ao colocarmos em evidência algumas recorrências existentes em algumas situações e relações, isso não significa que se esteja sendo dirigido por um determinismo nos métodos de análise. Por outro lado, julga-se que não se pode proceder da maneira como tem sido usual atualmente, a de relegar as análises a uma indeterminação absoluta, como se as situações que se põem em um dado contexto fossem aleatórias e tão-somente casuais.

É com essa disposição intelectual que se espera expor e analisar os dados da pesquisa. Do total de 472 ilustrações, destaca-se, de início, o trabalho de dois alunos pertencentes a dois contextos diferentes, tanto do ponto de vista socioespacial como do ponto de vista da característica escolar. Esses contextos tiveram papel relevante manifestado nessas ilustrações.

O autor dos desenhos incluídos no Anexo 2 é um aluno morador da zona rural de Iturama, município com cerca de 35 mil habitantes, localizado no extremo oeste da região do Triângulo Mineiro. Seu pai é um peão da pecuária, cujo trabalho o aluno diz que é o de "tirar leite" e cuja renda familiar é a mais baixa, tomando como referência a escala apresentada na pesquisa (abaixo de R$ 200,00). Ele estuda em escola pública municipal da periferia da cidade. Diariamente, chegam e saem dessa escola cerca de dez ônibus, trazendo e levando de volta alunos moradores da zona rural de Iturama.

O desenho da zona rural expressa claramente o contexto local, com a presença marcante da pecuária, o aporte de recursos e a organização espacial das atividades.

Quanto ao meio urbano, o aluno busca retratar a sua cidade, colocando inclusive a escola em que estuda. Ao mesmo tempo, como ele inclui aspectos não usuais no meio urbano local, entendemos que é uma exposição dos paradigmas urbanos, como o arranha-céu, o estabelecimento industrial, a rede de esgotos e o lixo urbano. É uma representação que faz um amálgama dos dados concretos da localidade com os dados de outros locais. Estes são incorporados pelo aluno por uma experiência que vai além do meio circundante, uma vez que os diversos meios de comunicação e informação (inclusive a escola) colocam-no em contato com outras realidades.

O autor dos desenhos colocados no Anexo 3 é aluno de uma escola particular de alto padrão de ensino em Belo Horizonte. Seu pai, economista, e a mãe, empresária, estão situados na classe mais alta da escala apresentada na pesquisa sobre renda familiar (acima de R$ 2.000,00). Esse aluno estuda em escola localizada em um bairro central de alto padrão, frequentada por alunos pertencentes às classes economicamente bem situadas.

Para esse aluno, o meio rural é representado por um haras, contendo um casarão à moda das elites mineiras. A cidade é, também, a cidade das elites, com edifícios e avenidas arborizadas.

O contexto de vida do aluno

A primeira conclusão a que se chega é a de que os dados indicam que as percepções dos dois alunos estão articuladas aos contextos de vida respectivos. Para fins de análise, é significativo destacar-se uma grande evidência em ambos os alunos: suas percepções expressam a observação do meio em seus detalhes. Através da primeira abordagem da realidade vivida, eles falam da própria concepção dessa realidade e, por que não, chegam a fazer emergir elementos de sua maneira de conceber o mundo.

O processo perceptivo mostra as necessidades do ser humano de dar conta "com eficiência" das situações em que se encontra. Isto é, o ser humano busca extrair informações para mover-se, à sua maneira, segundo o modo como ele vai elaborando as soluções e vai expondo

o mundo que se lhe apresenta. Este vai sendo percebido em uma funcionalidade que a pessoa elabora na organização dos elementos constituintes desse mundo. Parece que a funcionalidade mostrada nas percepções refere-se a uma prática que alguns chamam de realidade vivida. Quer dizer, é um fazer real, apoiando o pensar que, por sua vez, apoia o fazer.

Parece que esta é uma "competência" de todos os alunos, independentemente das possibilidades diferenciadas que eles encontram em seus contextos particulares de vida. É uma competência expressa em circunstâncias próprias de cada aluno que são (ou não) ampliadas em graus diversos, em razão dos diversos intervenientes postos na sua trajetória de vida, na qual a escolarização se coloca de modo muito significativo.

Como entender as expressões dos alunos?

Será focada a maneira como o aluno busca tirar as informações de acordo com o modo como ele vai elaborando suas soluções e as expõe segundo seus recursos.

Assim, pode-se entender a grande maioria das ilustrações sobre o urbano, em que suas características usuais ganham maior visibilidade.

É um urbano que, objetivamente, em termos de uma análise geográfica, vive a própria funcionalidade na organização dos elementos que o constituem contemporaneamente.

É uma funcionalidade que nós definimos como integrante de uma organização da função terciária, através de um comércio que, qualquer que seja ele, legal ou ilegal, está assentado no urbano. No caso da representação que se está analisando, essa funcionalidade, entendida como realidade objetivada, é, de imediato, capturada por uma representação construída na subjetividade.

Disse-se que o próximo vivido e o contexto local significativo precisam ser compreendidos enquanto percepções que se articulam aos contextos de vida da pessoa e expressam a observação do meio em seus detalhes. Isso não significa a "absolutização" de o aluno circunscrever o

significativo ao próximo e à realidade local. A construção da realidade vivida e, por isso, significativa ultrapassa diversos limites diante das diferentes mediações, em especial a da grande mídia.

Com frequência também para a criança o urbano tem a tônica de violência e de poluição ambiental, independentemente da cidade na qual ela mora. Algumas ilustrações dos alunos mostram essas situações, embora elas não sejam características usuais de sua cidade.

Como já se disse, a criança forja seus conceitos não somente tendo por referência o imediato circundante, mas também o outro lugar. Este vai tornando-se próximo por circunstâncias outras que podem advir, por exemplo, da influência da mídia e do imaginário social, de tal maneira que o outro se torna imediato circundante.

É dessa maneira que o aluno se mobiliza, evidenciando o que ele pode e consegue com os recursos de representação adquiridos, ao realizar uma atividade escolar como essa.

Dadas essas circunstâncias, depara-se com uma variedade de elaborações expressas pelos alunos. Como é possível entender as diferentes expressões das percepções manifestadas? É preciso levar-se em conta variáveis as mais diferentes e, dentre elas, é importante verificar até que ponto esses alunos desenvolveram a "alfabetização gráfica".

Quando a criança forma imagens, ela expressa uma atividade simbólica que é também mimética, uma *imitação interiorizada* (Piaget e Inhelder, 1977: 493-7). Formule a questão do ponto de vista piagetiano: caso forem colocados à disposição da criança parcos elementos ou quase nenhum elemento expressivo de uma faceta da realidade, o que ela tem para ser "imitado" e "interiorizado"?

Em especial no caso do autor dos desenhos do Anexo 3, o aluno da escola particular de Belo Horizonte está de posse de uma expressão gráfica bastante elaborada. Não se pode imputar seu engenho somente a um tipo de aprendizagem, seja a escolar, seja a especificamente gráfica. É preciso levantar a possibilidade de ele ser portador de uma forte tendência para essa forma de expressão.

É preciso levar em conta, também, até onde e de que maneira vários alunos estiveram imersos na realidade em pauta ou, então, apenas tiveram a oportunidade de tomar contato com a realidade cuja expressão está sendo solicitada.

É preciso verificar, ainda, se foram criadas situações para as crianças estimularem as formas de percepção, ao entrarem em contato com uma determinada realidade. Essas situações referem-se às oportunidades oferecidas pela escola, bem como por outros espaços de relações de sociabilidade e aprendizagem. Considere as diversas circunstâncias postas (ou não) no decorrer da experiência de vida pelas quais as crianças passam e que elas podem trazer à tona através de uma atividade escolar.

Quer dizer, não se pode ignorar o tecido existencial que se vai urdindo com as mediações sociais, culturais e escolares, para analisarmos as diferentes manifestações de como as crianças interagem com o mundo. Trata-se da própria construção da existência, da maneira pela qual esta vai sendo tecida nas mais diversas circunstâncias.

Essa construção existencial tem, por um "cacoete" profissional, sido focada enquanto uma condição e produto de uma aprendizagem escolar, como se, no presente caso, por sua identidade com o conhecimento geográfico, a elaboração do conceito de campo, de zona rural, fosse uma responsabilidade da Geografia e do professor de Geografia.

Não se trata, no extremo, de se eximir da intervenção a fazer-se no processo de conhecimento a ser desenvolvido e apropriado pelo aluno. Pelo contrário, trata-se de procurar entender melhor o papel que cabe nesse processo.

Os meios utilizados pelos alunos para expressarem suas percepções são indicativos da importância dessas situações se constituírem, efetivamente, em oportunidades perceptivas exploratórias. Elas precisam ser colocadas à disposição das crianças e jovens pelo ator educacional, seja ele os pais e as pessoas que os circundam, seja ele o professor da Educação Básica.

Não é preciso discutir com maiores detalhes que o processo perceptivo do ambiente circundante inicia-se a partir do nascimento do ser humano e que esse processo acontece em todos os contextos, nos quais é essencial tecer-se a trama de relações dialógicas com o mundo.

A escola, com seu ensino sistematizado, é apenas um dos contextos anteriormente mencionados, mas, cada vez mais, ela vai ganhando um papel social ampliado, que lhe destina quase uma responsabilidade institucional enquanto lócus por excelência para o desenvolvimento dessa empreitada.

Professor e aluno, protagonistas do ensinar-aprender

Quando se enfatiza o que chamamos de fazer-pensar do homem no seu ser-estar no mundo, vemos como este é primordial. Isso porque o ser-estar vai constituir e integrar a pessoa no seu perceber, sentir e pensar esse mesmo mundo.

O ser-estar no mundo é o ser-estar no mundo concreto das pessoas, no mundo que as circunda desde suas origens, com as interações que elas vão estabelecendo nesse ser-estar percebido, sentido, elaborado e transformado em conhecimento.

O protagonismo da escola

A principal consequência do fazer-pensar dos agentes escolares é o seu papel no ensinar-aprender. Porém, o papel específico da escola e do professor deve ser compreendido no conjunto dos papéis dos agentes educacionais. É mais saudável para o professor ter uma lucidez maior acerca das articulações do seu trabalho no processo educacional geral, bem como de seus limites.

Algumas teorias pedagógicas, chamadas delicadamente por vários educadores de otimistas, destinam ao trabalho do professor uma tarefa de agente transformador da sociedade numa versão salvacionista, como se ele fosse até onipotente. Mesmo aquelas teorias

educacionais denominadas críticas e dialéticas, que veem a escola na relação contraditória entre a reprodução e a transformação social, acabam, na contracorrente da força avassaladora da reprodução social, elegendo o professor como o grande protagonista dessa transformação que passa pela escola.

Considera-se, de um lado, que cabe a todos serem protagonistas educacionais e, nesse sentido, cabe também ao professor. Por outro lado, se é importante reafirmar os papéis dos diferentes protagonistas sociais que existem, entretanto, efetivamente, é indispensável reconhecer a importância do papel do professor de Geografia enquanto um educador, porém sem messianismos. A referência é para a importância de um educador que privilegie a formação do aluno, indo ao encontro de suas necessidades de ter um parceiro na busca do desenvolvimento da aprendizagem, a partir da situação em que esse aluno se encontra.

A organização dos aspectos observados suscita que se apontem algumas pistas a serem percorridas. O aluno pode não elaborar de imediato as respostas para dar conta dessas pistas, porém é possível constituir um conjunto de situações e questões no sentido de ajudá-lo a buscar respostas, bem como colocar à sua disposição um conjunto de instrumentos para essa busca.

Por exemplo, pode-se desenvolver uma situação de um trabalho em grupo, enquanto uma intervenção didática eficaz para auxiliar no encaminhamento daqueles alunos que, pode-se dizer, estão em situação de quase aprendizagem: o agrupamento de alunos de 2 em 2, estes agrupando-se depois de 4 em 4 e, finalmente, de 8 em 8 alunos. Essa trajetória poderá criar condições para eles caminharem com cautela, na medida em que estiverem de início trabalhando com a segurança propiciada pelo acompanhamento de um colega, compartilhando as percepções e ideias de uns e de outros sucessivamente, desenvolvendo a noção de complementariedade das ideias postas, bem como a possibilidade ou não do consenso sobre determinado tema.

Nesse trabalho, é importante orientar também os alunos no sentido de eles distinguirem que a confluência de diversas posições não significa que todas elas sejam consideradas corretas, estimulando-os a trazerem à tona o porquê de suas ideias e discutirem o porquê das ideias dos colegas com as quais se manifesta uma discordância. Isso implica que é necessário o acesso a uma fonte de informação que referencie os alunos corretamente a respeito do tema colocado em pauta. Essa fonte pode ser até um livro didático que traga as informações com correção, o que, dessa forma, pode tornar esse material um importante e útil instrumento de apoio do professor, deixando de ser um guia-mestre.

O protagonismo do aluno

Pensa-se que no processo interativo interpõe-se um repertório de situações postas às pessoas, as quais podem elaborá-las em seu processo de perceber-sentir-pensar. Mais do que isso, as pessoas criam outras situações na sua relação de ser-estar no mundo.

Não se pode deixar de citar uma experiência pessoal acontecida em uma atividade de docência, desenvolvida em uma turma de 8ª série noturna de escola fundamental pública situada na periferia de São Paulo. O tema em pauta referia-se à subtração dos espaços públicos das populações pobres. Um aluno respondeu, entre irônico, risonho e jocoso: "Mas, professora, a gente sempre encontra uns terrenos baldios, não é?" Entende-se que se trata exatamente do que anteriormente buscamos analisar, isto é, muitas situações estão dadas às pessoas, porém, estas elaboram outras situações nas quais se colocam criativamente, buscando torná-las aliadas para suprir suas necessidades de apropriação.

Quer dizer, ao se analisar a dominação, é comum dar-se um grande destaque enquanto ação desencadeada pelo dominador. Ao fazê-lo, permanece-se no plano expositivo e analítico da dominação e acaba-se considerando que esse plano é o principal no desenvolvimento do tema em sua dimensão espacial.

Quando assim se procede, o trabalho pedagógico fica centralizado nos conteúdos, aguardando a adesão e a cumplicidade dos alunos com aqueles temas que são considerados socialmente relevantes, porque são vistos na sua identidade com as classes subalternas. Não se presta atenção no aluno como protagonista, ator do processo de aprendizagem e de pensamento.

No caso citado, o aluno em pauta ensina que a elaboração do pensamento é muito mais ativa do que se supõe, pois ele anuncia trajetórias que muitas vezes não são supostas e compreendidas. Dito de outra maneira, a população pobre tem que "aprender a se virar", a "tirar leite de pedra" para dar conta de responder às situações que se vão interpondo ao longo de sua existência. Ao mesmo tempo, apesar dos limites, os pobres vão criando seus "terrenos baldios", ou seja, vão desenvolvendo seus mecanismos de apropriação para suprir suas necessidades de vida.

Pode-se aprofundar a reflexão sobre as circunstâncias com as quais nos deparamos, encaradas não como determinismos que aprisionam inexoravelmente, mas, sim, como diferentes possibilidades que as pessoas encontram e criam na sociedade em que vivem, constituindo um universo variado de situações.

Outro exemplo é o de Lindalva, uma jovem de 11 anos de idade que tinha acabado de concluir a 5ª série do Ensino Fundamental em escola pública, filha de uma empregada doméstica. Em férias escolares, ficou alguns dias em minha casa. Encontrou uma luneta entre os objetos do escritório e, do terraço, ficou observando a paisagem da imensa cidade. Quantos "mistérios" ela foi descobrindo! Poderíamos analisar seus comentários sobre a espacialidade de Belo Horizonte, que se descortinava como o campus da UFMG, o anel viário, o aeroporto de Pampulha, dos quais ela falava com grande esperteza. Contudo, é mais significativo relatar o que estava "boiando em sua cabeça"! Referia-se ao mesmo tempo às interdições e possibilidades, às vontades e desconfortos diante do que ela via.

Ou seja, a maneira de se colocar diante de um contexto e de nossas potencialidades é uma construção social e, ao mesmo tempo,

pessoal. Essa construção dependerá de metabolização das vontades e, ao mesmo tempo, de contarmos com intervenções sociais e culturais como, por exemplo, uma escola favorável a esse processo de mobilização de sua energia humana.

Não é raro deparar-se com alunos que, desde cedo, manifestam sua impossibilidade de, no futuro, fazer um curso universitário, pois sua pobreza econômica os impede de estudar em uma faculdade particular, descartando a perspectiva de estudar em uma universidade pública. Muitas vezes, julgando-nos marxistas, quando se fala a respeito das diferenças socioeconômicas, consideramos que basta escancará-las e, assim, dar-se-ão nos alunos as transformações potencialmente contestadoras da ordem vigente, implicando a mobilização de suas vontades.

Sem a ingenuidade de considerar que somos dotados de um livre-arbítrio ilimitado, há, no entanto, um processo que implica a (re)construção de identidades e de possibilidades, assim como a crença na superação. Voltar-se para construir uma escola preocupada com o ensino-aprendizagem que considere essas questões é importante para nós, professores de Geografia, pois é onde o fazer perceptual e o conceitual vivido podem ser potencializados.

É na escola onde se darão as maneiras como essas pessoas irão interagir segundo algumas circunstâncias. Estas são sociais, psicológicas e biológicas, constituintes de uma trama de condições presentes nos contextos culturais e educacionais que, por sua vez, variam no tempo e no espaço. Ou seja, as interações das pessoas são sócio-históricas.

Tudo isso que é o mundo acaba por vir à tona e, no que diz respeito a nós, professores, acaba manifestando-se em um determinado tipo de escolarização. Esta apresenta, em graus variados, as suas possibilidades ou dificuldades em acrescentar, obstaculizar ou mesmo subtrair ao aluno o desenvolvimento do seu fazer perceptual e conceitual que resulte em uma compreensão ativa e sentida. Quer dizer, a escola tem muito a ver com tudo isso que é o mundo que se transforma no conceitual vivido.

Fazer-pensar:
diferenças e semelhanças entre os sujeitos

Antes foi explicitado, apoiado em Piaget e Inhelder (1977), que as crianças e jovens realizam uma *imitação interiorizada*, através de uma atividade mimética e simbólica. Porém, não se trata de uma repetição mecânica. Não se trata de a pessoa ser um "espelho", uma imagem refletida de alguma coisa ou pessoa. Há, incessantemente, uma criação social, histórica e psíquica elaborando figuras, formas, imagens com as quais falamos do mundo no qual nos colocamos e nos movemos, e do qual não necessariamente criamos sempre as mesmas figuras, imagens e formas.

É preciso estar bastante atento e levar em conta o quadro social e histórico no qual se desenvolve a existência das pessoas para compreendê-las e, ao mesmo tempo, deve-se igualmente estar atento e levar em conta a história pessoal interior que também adentra a criação de suas imagens sobre o mundo. Porém, é preciso buscar estabelecer algumas relações entre o quadro que se põe e as imagens com as quais os alunos falam desse mesmo quadro.

Quer-se reafirmar a primazia da realidade concreta, a vida vivida como fonte da consciência que se constrói, implicando representações e expressões enquanto corporificações e personalizações dos alunos.

Os alunos são sujeitos que não se diluem e desaparecem nas categorias que são construídas. Entretanto, sua singularidade não é absoluta, uma vez que se identificam elementos em comum entre vários atos singulares, levando-nos a estabelecer generalizações.

Dito de outra maneira, ao se realizar essas generalizações, é preciso fazer o esforço de não se descartar a especificidade de cada um desses atos singulares, mas, ao mesmo tempo, não podemos pulverizar a compreensão em um mosaico labiríntico de especificidades, como se, entre estas, não existissem nexos.

Com o intuito de também fazer o esforço de compreender globalmente as imagens, é preciso entender semelhanças e persistências entre os alunos, sintetizadas através do quadro numérico das imagens

expressas. Esse aspecto global de algumas imagens pode ser lido nas semelhanças entre uma e outra representação, que permitem identificar grandes aproximações entre seus significados.

As diversidades e as semelhanças

Na pesquisa citada anteriormente, as 236 ilustrações feitas pelos alunos a respeito do campo trazem elementos que permitem interpretar a sua compreensão da zona rural. Essas ilustrações foram analisadas e organizadas segundo algumas categorias construídas na pesquisa, resumidas nas seguintes 11 situações:

1) apenas como natureza, em que não há nenhuma evidência da presença humana, sequer com alguma indicação de alteração na paisagem;
2) com a presença humana que se evidencia sem o desenho da figura humana, apresentando, porém, uma ou mais indicações como: casa, animais domésticos, pequenos caminhos, pequenas lavouras, pequenas alterações na paisagem;
3) com a presença humana, em que a figura humana está colocada de maneira indiferenciada, além de trazer uma ou mais evidências como: casa, animais domésticos, pequenos caminhos, pequenas lavouras, pequenas alterações na paisagem;
4) apresentando o trabalho humano, evidenciado pelo desenho de pessoas utilizando enxada, cuidando de animais etc.;
5) apresentando o trabalho humano, evidenciado pela presença da atividade econômica como lavoura, criação de animais, mesmo sem o desenho da figura humana;
6) com a presença de instrumentos de trabalho simples, como a enxada;
7) com a presença de instrumentos de trabalho mais complexos, como trator, silos, canais de irrigação, pivô central etc.;
8) colocando em evidência as atividades de lazer/ócio/prazer, em que as pessoas estão descansando na rede, pescando etc.;

9) com uma "modernidade" manifestada pela presença de antenas de TV, antenas parabólicas etc.;
10) com indicações de propriedade fundiária, através da presença de cercas divisórias, placas indicativas etc.;
11) com outros elementos não discriminados nos itens anteriores.

A diversidade dessas 11 situações correspondentes às representações dos alunos sobre a zona rural é expressa por alunos moradores de contextos socioespaciais os mais variados e, em geral, em uma mesma turma, também se manifestam muitas delas.

Contudo, é essencial destacar que algumas dessas representações são mais frequentes. Elas são indicativas de algumas circunstâncias que as engendram e, por isso, é importante, também, prestar-se atenção nas mesmas para buscar entender os motivos pelos quais elas frequentam com tanta insistência o repertório das pessoas.

Essas explicações precisam ser buscadas no contexto de cada escola, de cada realidade na qual a escola está colocada, bem como nas circunstâncias próprias dos alunos, que não devem ser desprezadas de maneira alguma.

O objetivo do quadro-síntese numérico (veja Anexo 4), é ir ao encontro de algumas necessidades do trabalho docente, que se desenvolve coletivamente. É possível fazer algumas análises comparativas, elaborar sínteses e, assim, investir na construção de alguns conceitos a serem eleitos, enquanto compreensão e construção abstrata para a qual os alunos precisam paulatinamente caminhar.

As associações mais frequentes que permeiam a imagem de zona rural são feitas com a presença humana, ou seja, referem-se à paisagem alterada pelo homem, seja quando este aparece, seja quando não aparece na paisagem ilustrada. Ou seja, prevalece a expressão do rural associada ao que os geógrafos determinam conceitualmente como paisagem geográfica enquanto espaço transformado, à maneira do usualmente colocado nos livros didáticos. Contrapondo-se a essa paisagem geográfica, a paisagem natural, o espaço não transformado, aparece em 3º lugar nas percepções dos alunos sobre a zona rural.

Merece ser destacado que, em 4º lugar, as representações de muitos alunos denotam, à sua maneira, a consciência da propriedade fundiária através das cercas colocadas como marcos divisórios de uma e outra área, cujas características permitem concluir que ela está sendo entendida como propriedade. Elas são bastante diferentes das cercas, também desenhadas com muita frequência, porém elas são mais um indicativo de uma divisão territorial técnica e um elemento organizador do espaço, importante para a vida e o desenvolvimento das atividades rurais. Nesse segundo caso de cercas, elas expressam a divisão das áreas de moradia, de cultivo, de criação as mais diversas, em que áreas avícolas, de pesca etc. são separadas do curral de criação de bovinos.

Surge de maneira nítida a percepção do rural como paisagem alterada, composta por elementos da natureza (árvores, riachos, colinas) na qual se colocam algumas obras feitas pelos homens (casas, caminhos e cercas aparecem insistentemente). Entretanto, o trabalho dos homens com a terra não é tão explicitado, sendo, vez ou outra, colocadas pequenas atividades de cultivo e de criação animal. Muito menos ainda aparecem os homens na aplicação de suas forças produtivas, seja com seus instrumentos de trabalho mais simples, seja com os equipamentos mais complexos e as tecnologias. Eles estão presentes em ilustrações cujos totais classificam-se em 6º, 7º, 8º e 9º lugares.

Assim, também, é bastante instigante o fato de, ao expressarem o rural como paisagem construída pelos homens, fazerem-no, porém, com poucos elementos que associem o campo à "modernidade" e às atividades de lazer (10º e 11º lugares). É preciso ressalvar, de um lado, a presença da "modernidade" nas representações daqueles alunos que, através do desenho de equipamentos de trabalho mais complexos, expressaram a modernização da força produtiva (pivôs de irrigação, silos, tratores, caminhões e equipamentos os mais diversos). É sintomático que essa "modernidade" das forças produtivas seja mais frequentemente expressa pelos alunos de Iturama, moradores da zona rural de uma região economicamente mais dinâmica em relação às demais áreas rurais pesquisadas.

Por outro lado, é pouco presente a "modernidade" no modo de vida, que pode ser traduzida pela presença de antenas de TV, de parabólicas, de torres de transmissão de energia elétrica etc. A pequena incidência de tal "modernidade" torna-se mais instigante se leva-se em conta as representações feitas pelos alunos da UFMG, tanto do curso de Pedagogia como do de Geografia, que também participaram da pesquisa.

De sua parte, é o aluno da escola particular de Belo Horizonte, autor dos desenhos do Anexo 3 analisados anteriormente, quem melhor expressa a modernidade (das elites) em sua representação sobre o campo. Ele a realiza com rigor, sem que esteja presente na ilustração algum dado elencado na organização das categorias analíticas da pesquisa, para a identificação dessa modernidade. Como foi analisado, é com grande habilidade na resolução gráfica que aquele aluno, através de um desenho, sugere estar representando um haras, dando um tratamento próprio para a zona rural. Assim, também é possível identificar na representação da cidade a entrada e a fachada de um prédio que insinuam um urbano de alto padrão. Tratando-se de aluno de escola particular frequentada pelas elites, procurou-se entre seus colegas um outro exemplo de representação da modernidade, porém, aquele aluno é um caso único de toda a pesquisa.

O que se está denominando de moderno e "arcaico" expressa ritmo e tempo diferentes. Costuma-se colocar como padrão desejável a eficiência produtiva (da modernidade) e, para tanto, a rapidez na execução das tarefas. Dessa maneira, acaba-se desconsiderando outros ritmos, outros tempos, os *tempos lentos*, os *homens lentos* (Santos, 2000).

A maioria dos alunos do município de Iturama, no Triângulo Mineiro, capta detalhes pouco usuais e transparecem uma agilidade e positividade para com os elementos representativos do campo, do qual eles são moradores. Elas diferem das representações feitas pelos alunos de Abaeté e de uma das escolas de Virginópolis, também frequentada por moradores da zona rural, que expressam *tempos lentos* na sua representação.

O cansaço e lassidão na manifestação de energia "vital", bem como o quase imobilismo com que as pessoas estão colocadas no cenário, são percebidos em boa parte das paisagens rurais. Pode-se cogitar que esses traços resultam das limitações diante das possibilidades na representação, uma vez que se trata de alunos de, em geral, 10, 11 e 12 anos. Entretanto, é importante destacar que não há uma correspondência de tal fato nas expressões feitas por esses mesmos alunos sobre a cidade, em cujas representações, na maior parte das vezes, transparecem pessoas e situações dotadas de agilidade e dinamismo, outros tempos e ritmos.

Assim, as atividades de lazer/ócio/prazer estão pouco presentes na zona rural, muito menos quando se trata da atividade produtiva da "modernidade". Elas são as últimas dentre as 11 situações em que são agrupadas as ilustrações. É nesse sentido que se identifica a maneira como o lazer está sendo visto pelo aluno, em que, quando essa atividade é colocada, é feita muito mais no sentido de expressar o campo como local de lazer pessoal, de fruição prazerosa.

O rural entendido como natureza intocada merece ser observado com as análises a serem feitas mais adiante, a respeito da presença de representações bucólicas "naïf"/ingênuas.

Contudo, a maneira como a natureza é vista não está sempre e necessariamente relacionada com o que se focaliza nos denominados tradicionais aspectos naturais, da maneira como são considerados na Geografia. No desenho colocado no Anexo 5, embora estes "aspectos naturais geográficos" estejam presentes, ou seja, a vegetação e a fauna, pode-se perguntar: que noção de natureza está presente nela? Morcegos(?) voando, vermes(?) caindo(?) sobre a vegetação rasteira, uma árvore carregada de frutos, em cujo galho e tronco oco abrigam-se aves, uma delas seguramente uma coruja.

Desenhos como o do Anexo 5 ensejam que se pergunte sobre o diferente, até mesmo o inusitado, ocupando o centro da representação. A partir de quais processos pelos quais os alunos fazem essas representações?

Como se está, na maior parte das vezes, mais preocupado com os produtos, isto é, com os "conteúdos", não se atenta para os processos que os constroem. Em geral, costuma-se explicar como falta de conhecimento, de "conteúdo", de não-domínio de certos conceitos básicos. Ou seja, explica-se o processo pelo produto e examina-se o caminho pela chegada. Evidentemente, como professores de Geografia, necessitamos ter em mente o "produto geográfico", de cuja produção e apropriação se é responsável; porém, é necessário, da mesma maneira, buscar suas raízes enquanto produção do conhecimento.

Ao longo da nossa trajetória como professores de Geografia deparamo-nos com pessoas cuja história de vida sociocultural é colocada entre nós enquanto nossos alunos, tal qual eles são colocados em turmas de aulas de Geografia. Eles estão entre nós, pensando o que estão pensando e, na maior parte das vezes, com poucos elementos que lhes têm sido colocados para pensar o campo, o meio rural, em comparação com a maneira como nós concebemos esse conceito. De nossa parte como adultos, uma vez que não somos tábula rasa, pensamos o mundo com os meios que acumulamos e dos quais dispomos. Precisamos lembrar que os alunos também assim procedem.

Quer dizer, alunos como o do desenho em pauta expressam seu universo particular. Pode-se levar em conta que, no âmbito da vasta literatura sobre as concepções de natureza, há análises articulando-as, por exemplo, ao sentimento do medo, da ameaça, da "coisa ruim", enfim, articulando-as a uma negatividade cuja gênese é sociocultural, mas, também, pessoal.

Convém lembrar que, na relação do homem com a natureza, diversas concepções se colocaram ao longo dos tempos.

Pode-se acrescentar uma outra possível explicação afirmando a importância, para a integração social e crescimento das crianças, de elas relacionarem-se com os contos e os pensamentos mágicos. A personificação destes (por exemplo, na forma de bruxas, lobos etc.) pode auxiliar na ordenação de suas tendências psicológicas (Betelheim, 1978: 23).

Professor de Geografia e educador

As análises feitas anteriormente levam a dizer que, diante da dificuldade de uma leitura do mundo, sobretudo através das categorias eminentemente geográficas, o trabalho do professor de Geografia torna-se muito mais complexo.

É importante que se tenha consciência de que os chamados conceitos geográficos são uma interpretação parcial da realidade. Constitui-se parte do nosso fazer-pensar apropriar-se com rigor desses conhecimentos geográficos. Porém, também é necessária sua ultrapassagem para irmos além dos mesmos, pois a realidade nos evidencia essa necessidade. A superação é, por excelência, condição do professor, uma vez que, por sua atribuição, ele é antes de tudo um pensador, um pesquisador, um educador.

Mesmo assim, apesar de todas essas dificuldades, o professor pode encontrar na relação dialógica com o aluno um caminho que ofereça pistas com possíveis esclarecimentos sobre as razões de os alunos fazerem uma determinada representação do mundo pouco usual para a Geografia. Este é um bom ponto de partida para o aluno ir incorporando e acrescentando novas apreensões sobre a realidade, tendo na mediação do professor de Geografia as possibilidades de construir novas referências.

Foram feitas todas essas considerações visando atentar para os "conteúdos", reiterando-se, porém, que dificilmente podem-se dissociá-los da maneira como eles são encaminhados, ou seja, da maneira como eles são expressos pelos alunos.

Foram feitas todas essas considerações voltadas também para uma metodologia do ensino interessada no aluno como sujeito do conhecimento e, por isso, protagonista do seu fazer-pensar, qualquer que seja este, agrade ou não, preencha ou não as competências cognitivas que dele se espera. Desse modo, atentou-se ao fato de evidenciar as várias maneiras como os alunos se expressaram, dando uma grande ênfase às singularidades.

Pretendeu-se ir em busca de algumas categorias mais amplas. Entende-se que essa atitude de analisar, procurando articular o particular e o geral, deve ser buscada também no ensino de Geografia.

Questões preliminares do ensinar-aprender

> "Para que serve o sistema educacional [...] se não for para [...] ajudar a decifrar os enigmas do mundo, sobretudo o do estranhamento de um mundo produzido pelos próprios homens?"
> Emir Sader, *A educação para além do capital.*

Emir Sader, ao apresentar o que ele considera ser a finalidade precípua do sistema educacional no qual a escola se coloca, enuncia algumas palavras questionadoras: decifração, enigmas, estranhamento. O mundo que os homens produziram contém todas essas condições.

Justamente porque o mundo é uma produção humana, desta faz parte um embate que integra o ato educacional em cena na escola. Que escola é essa cuja essência é o esclarecimento, muitas vezes fruto do enfrentamento? Sempre foi assim? Desde quando? Será mesmo essa a sua razão de ser?

É importante, inicialmente, situar o ensinar-aprender na análise da escola como um todo, acreditando que buscar a compreensão da relação entre o geral e o particular, entre o todo e as partes, ajuda a iluminar ambos.

O ensinar-aprender acontece em vários espaços educativos. Porém, é na escola que ele encontra o seu lugar por excelência. O ensinar-aprender é, mesmo, a identidade socialmente instituída da escola.

O ensinar-aprender mostra-se como uma função da escola bastante simples, parecendo óbvia demais. No entanto, ela tem sido exaustivamente discutida por ser, ao contrário dessas aparências, dotada de grande complexidade. Ocorre que, conforme se tem uma determinada compreensão sobre a função da escola, isso mostra o nosso entendimento de educação e de sociedade. Daí que, no contexto espaço-temporal, a função da escola tem recebido proposições as mais diferenciadas.

O que a população espera da escola

De início, por serem os alunos os mais diretamente interessados, parece mais correto e essencial buscar o ponto de vista, ou seja, buscar identificar o que a população espera que a escola deva propiciar-lhes.

Nesse sentido, toma-se como ponto de partida uma afirmação considerada por muitas pessoas um lugar-comum a respeito do que é chamado de cotidiano. Esse plano da existência tem imensa importância que advém do fato de ser aquele no qual as pessoas vivem o dia a dia. Elas desenvolvem atividades, tentam resolver problemas diversos, vivem frustrações e obstáculos diversos, alegram-se pelo êxito de vários empreendimentos realizados e se projetam e procuram construir o futuro.

Daí que, assim como a população vai, por exemplo, aos postos de saúde visando ser atendida para resolver seus assuntos da saúde corporal, ela procura a escola para suprir as necessidades de estudo e aprendizagem.

Contudo, o objeto do estudo e da aprendizagem buscado pela população tem sido, historicamente, visto de modos variados pelos pensadores e gestores educacionais. Igualmente, o modo de estudar e aprender, assim como o de ensinar, também tem sido proposto de maneiras as mais diversas.

Apesar dessas mudanças, inegavelmente, a escola é o lócus no qual a população considera ter acesso ao estudo regular para adquirir conhecimento. Ela tem uma clara consciência e afirma a necessidade de estudar para preparar-se para a vida, querendo referir-se, à sua moda, à apropriação da leitura e escrita, da alfabetização, do conhecimento matemático e do saber sobre os mais diversos assuntos.

A população almeja obter também uma certificação comprobatória da conclusão de um ciclo de estudo. Esta é importante para seus projetos pessoais de vida, muitas vezes porque, quando as pessoas procuram um lugar no mercado de trabalho, em geral lhes é exigida uma escolarização regular comprovada. Elas pensam nessa escola muito em função de que esperam preparar-se para a vida, buscando a criação de condições para sua inserção no mundo do trabalho, à qual vinculam suas perspectivas de sobrevivência.

É preciso levar em conta o sentido que "preparar-se para a vida" tem para a população. Corresponde a ela realizar um investimento existencial, o que não significa, necessariamente, estar-se referindo ao ensino profissionalizante. Significa que, malgrado sua visível desconfiança no padrão de serviço público a ser encontrado, contraditoriamente, ela define a escola como uma possibilidade para alcançar seu horizonte de vida.

A população destina esse papel à escola não ingenuamente, pelo contrário, em geral a população está ciente dos próprios problemas e dificuldades no aprender, expressando-se entre o calado e o ruidoso, o confiante e o sarcástico. Além da sua autoestima rebaixada, a população denota ter consciência da escola de que dispõe, manifestando-se sobre as condições dessa escolarização. A população está também evidenciando ter ciência da precariedade escolar, ao referir-se ao fato de que "aquela escola não ensina nada", "aquela escola é muito fraca".

A população busca a aprendizagem na escola, mas o que será que a escola lhe tem ensinado? Costuma-se até dizer que a escola pouco ou nada ensina, porém, essa situação, por si só, tem um significado, pois a negação do conhecimento é um ato político.

As diversas concepções sobre a função da escola

A discussão sobre a função da escola tem sido motivo de grandes polêmicas, resultando em diversas posições. Entende-se que estas estão ligadas à maneira de se considerar o aluno. É em decorrência dessas concepções que se tem falado sobre o tipo de educação que a escola proporciona ou deve proporcionar-lhe.

Ao considerar o aluno como veículo de perpetuação da ordem vigente na sociedade, algumas concepções sobre a escola a consideram como meramente reprodutivista, pois ela nada mais faz do que reproduzir a situação existente para a manutenção da condição estabelecida.

Na história da Geografia escolar, é sabidamente conhecida a sua origem nos serviços que ela prestou à manutenção da ordem vigente. O ensino da Geografia fincou cedo suas raízes, instrumentalizando a ideia de nação e, assim, "escamoteando e negando a divisão social do trabalho na sociedade capitalista" (Vlach, 1990: 58).

Considera-se que, nos termos colocados pelas teorias reprodutivistas, os alunos são vistos apenas como objetos, pois seriam resultantes da reprodução dos valores sociais, isto é, eles não seriam sujeitos dotados de uma condição ativa enquanto seres humanos.

Outras teorias, pelo contrário, consideram a escola como transformadora da sociedade. Por isso, é nesta direção que a escola precisa desenvolver um tipo de ensino aos alunos, uma vez que estes são agentes dessa transformação enquanto portadores da realização do futuro. A escola tem um papel relevante de intervenção na ordem existente na sociedade, uma vez que o ser humano é dotado de uma condição ativa.

Outras teorias consideram que a escola pode tanto desempenhar a função reprodutivista como transformadora da sociedade. A escola é, pois, contraditória e, nela, coexistem perspectivas conservadoras e inovadoras.

Essas posições foram objeto das polêmicas educacionais bastante acaloradas em nível mundial e no Brasil, em especial dos anos de 1960 a 1980. Entretanto, parece que continuam sendo atuais, embora colocadas sob outros focos.

Nessa direção, torna-se interessante citar István Mészáros, que recoloca, hoje, algumas análises feitas no campo educacional dos anos de 1960 a 1980. Ele retoma a explicação de que a educação serve para internalizar nos jovens os valores do capitalismo, ao qual eles devem subordinar-se.

Contudo, Mészáros aponta que é preciso ter empenho para criar entre os alunos uma *contrainternalização*. Nessa perspectiva, o professor não deve restringir-se a negar e condenar o capitalismo; deve, sim, empenhar-se em criar uma alternativa educacional. Esta deve ter bases autossustentáveis, de modo que não se desmorone frente às forças destruidoras da situação vigente (Mészáros, 2005: 55; 61).

Conteúdos e metodologias de ensino: uma velha polêmica

De que maneira a escola pode levar tanto à reprodução como à transformação social? Seria através do tipo de conteúdos nela veiculados? Seria através das maneiras pelas quais esses conteúdos são desenvolvidos e que, genericamente, chamam de metodologia de ensino? Seria através das concepções que circulam pela escola, traduzidas em suas práticas cotidianas, e que acompanham o desenvolvimento do dia a dia dentro e fora das salas de aula?

Alguns estudiosos da educação consideram equivocada e superada a polêmica entre conteúdo e metodologia. Em qualquer dessas possibilidades, está no centro do papel da escola o conhecimento que transita por ela e como é considerado o principal protagonista escolar, o aluno. Por isso, surgem questões como: qual conhecimento? Este passa por onde? Como ele pode e deve ser veiculado?

Trata-se do conhecimento que passa pelos chamados componentes curriculares e que, *grosso modo*, espelham as diversas áreas do conhecimento? Sendo assim, como estas acontecem e/ou devem acontecer?

Será que, não estando focado nos componentes curriculares ou "matérias", trata-se de um conhecimento social a ser disseminado, praticado, e, por isso, o papel da escola é o de ser agente de sociabilidade?

Daí a sua tarefa de voltar-se para o tratamento das relações sociais de realização humana a serem resgatadas e difundidas? Entre as posições defensoras desse tipo de compreensão do papel da escola, há uma base comum assentada nas explicações de que as populações, em geral as mais pobres, veem-se prejudicadas e alijadas das condições propiciadoras daquelas relações inerentes à existência social.

Essas concepções estão na base de vários projetos atuais considerados inovadores, e que levam à necessidade de desenvolver-se um vasto e profundo trabalho de formação continuada de professores e demais educadores dentro dessa linha pedagógica. Isso porque, geralmente, essa nova maneira de tratar o conhecimento não é enfatizada e nem, na maior parte das vezes, é referida nos cursos de formação inicial de professores. Muitos destes perguntam: como se concretizaria essa proposta?

Em geral, a escola tem uma organização curricular em forma de disciplinas dos diversos componentes curriculares, estando a maior parte do tempo e dos espaços escolares voltada para atender a essa forma de organização. É preciso também levar em conta que os professores trazem em sua formação inicial os conhecimentos identificados com essas disciplinas escolares, estabelecidas socialmente por uma tradição arraigada há muito tempo.

É possível dizer que, dada a preponderância das linhas de trabalho centralizadas nos componentes curriculares do Ensino Básico, as preocupações educacionais colocaram em discussão um conjunto de questões voltadas para o conteúdo e o método no tratamento das disciplinas, e, dentre estas, da Geografia escolar. Sendo assim, tendo em vista uma compreensão contextualizada de algumas questões do ensino de Geografia, o leitor verá um breve quadro dessas preocupações.

As metodologias de ensino

As concepções sobre a transmissão do conhecimento julgavam que o aluno permanecia em uma relação muito passiva no ensino-aprendizagem, sendo tratado como uma receptáculo vazio e dócil,

pronto para ser preenchido pelo conhecimento emanado do professor, que, sendo o dono do saber, era o único a expressar-se.

Em oposição, algumas tendências, nascidas na primeira metade do século xx e postas em prática a partir dos meados desse mesmo século, colocaram ênfase nas metodologias voltadas para as atividades. Passou-se a considerar que estas, além de permitirem uma compreensão melhor dos conteúdos tratados, eram favoráveis ao desenvolvimento do pensamento ativo, uma característica humana que passou a vir à luz com uma frequência cada vez maior.

Em especial no Brasil, essas concepções sobre o pensamento ativo passaram a centralizar-se nas atividades, chegando mesmo, em um movimento de banalização, a tornarem-se simplesmente tecnicistas, com a aplicação de técnicas de ensino sem um fundamento que as justificasse, além de simplesmente desenvolverem-se atividades e mais atividades.

No período do governo militar instaurado no Brasil em 1964, a ênfase estava na aplicação das técnicas de ensino, buscando justificativas nas teorias ativas. Entretanto, resultou na valorização da técnica pela técnica. Em primeiro lugar, porque as escolas nos centros urbanos passaram a receber cada vez mais as pessoas que foram deslocadas de sua origem rural, com a industrialização e urbanização em curso no país. A elas destinava-se um ensino empobrecido através de uma utilização aligeirada e mecânica de livros didáticos recheados de atividades. Em segundo lugar, porque a preocupação pelas técnicas de ensino dificultava ou mesmo impedia a discussão sobre os conteúdos a serem tratados por essas técnicas.

Afirmava-se como objetivo tornar os alunos aptos a determinadas operações mentais e comportamentais. Mais recentemente, a questão passou a ser formulada como busca do desenvolvimento de competências e habilidades nos alunos.

Os conteúdos de ensino

Essa questão recoloca também outra polêmica: a escola, ao tratar do conhecimento do qual o aluno deva apropriar-se (seja

mediante transmissão, seja mediante construção), deve referir-se a quais conteúdos?

Por um lado, existe a valorização dos conteúdos historicamente acumulados e consagrados e, por outro lado, a valorização dos conteúdos socialmente significativos. Essas questões são tidas como de grande pertinência na definição do papel que a escola pode exercer na sociedade, diante da importância da aprendizagem do aluno.

De uma maneira bastante genérica, pode-se falar de uma tendência que define uma qualidade de ensino centralizada em desenvolver os conhecimentos dados e prontos, tal qual eles surgiram ao longo da história de cada uma das respectivas ciências. Seriam conhecimentos que costumam não levar em conta as novas realidades emergentes que possam ser colocadas no centro de uma discussão social desses conteúdos.

De outra forma, também genericamente, enfatizam-se os conhecimentos produzidos mediante uma sintonia indissociável com uma realidade em constante mudança. Esses conhecimentos são considerados como características de escolas que se apresentam como portadoras de um projeto transformador da sociedade.

Esses conhecimentos permitiriam que a tomada de consciência da realidade atual (fundamentalmente, uma realidade desigual) em suas contradições poderia constituir-se em uma força transformadora da sociedade. Por isso, o critério para a escolha dos conteúdos a serem desenvolvidos deve ser a relevância social dos mesmos, na medida em que fazem emergir o contexto da realidade vivida pela população pobre, levando-a a refletir sobre esse contexto. Há, pois, elementos para entender o porquê de a Geografia chamada crítica ser tão enfatizada por alguns teóricos e professores.

A exposição desses blocos de posições pode levar a simplificações que correm o risco de reduzir a complexidade e profundidade das implicações da educação, da escola e do ensino junto à sociedade. Trata-se, porém, de uma exposição cuja intenção é a de analisar algumas imbricações com as questões discutidas na Geografia e no seu ensino em Escolas Básicas.

O tradicional e o crítico

Com base nas breves análises feitas anteriormente, o objetivo aqui é fazer a distinção entre as teorias educacionais que, *grosso modo*, são chamadas de *conteudistas* – e até mesmo tradicionais – daquelas teorias consideradas críticas e construtivistas. Busca-se deliberadamente traçar esses territórios distintos, considerando-se a sua necessidade, particularmente para professores de Geografia.

Isso porque o tradicional e o crítico são denominações que circulam com frequência entre professores do Ensino Básico e alunos dos cursos de Geografia, referindo-se ao "binômio" Geografia tradicional/conservadora e Geografia crítica/renovadora.

Na Geografia, essas questões tão polêmicas sobre os conteúdos e as metodologias de ensino são discutidas conjuntamente com as não menos polêmicas questões da própria Geografia, seu objeto de estudo, sua finalidade e metodologias na produção do conhecimento geográfico. Preocupam aos geógrafos questões como: o que é Geografia (o que ela estuda, ou seja, qual é o seu objeto de estudo), para que serve a Geografia, quais são os métodos de produção do conhecimento geográfico.

Os dois campos de preocupação estão imbricados. Porém, é necessário realizar algumas reflexões que busquem a distinção de um e de outro. Apesar das dificuldades em fazer essas convergências e/ou divergências, essa empreitada vale a pena, tendo em vista discutirmos os nossos acertos, dúvidas e dificuldades no ensino de Geografia.

Nessa perspectiva, vêm à tona alguns aspectos do ensino de Geografia, com a intenção de pensá-los como integrantes de propostas educacionais voltadas para uma qualidade de ensino socialmente significativo.

Um conteúdo tradicional e uma metodologia de ensino inovadora

Considera-se um tema da chamada Geografia Física que um professor, adepto da Geografia Crítica, geralmente considera mais tradicional. Por exemplo, o tema "aspectos climáticos". É possível

fazer uma série de considerações do ponto de vista das abordagens da Geografia, seja crítica ou tradicional, no tratamento desse tema.

Se esse tema não enveredar para o campo da relevância social, ele é tradicional e, daí, torna-se dispensável? É necessário também considerar a que se refere quando se enfatiza essa relevância social. Trata-se de prestar atenção a respeito do que o tema propicia no campo da sua pertinência para a sociedade? Se assim for, é preciso ter maior clareza sobre o que significa essa pertinência.

Seja esse tema crítico ou tradicional, é fundamental, entretanto, fazer outra consideração: como o professor de Geografia fará a mediação entre esse "conteúdo" e o modo como os alunos podem apropriar-se dele? Ou seja, de qual tratamento didático-pedagógico o professor irá lançar mão para que esse "conteúdo" possa transformar-se em aquisição de conhecimento sobre o mundo, de modo que este esteja sendo esclarecido para o aluno?

Ao apresentar as questões do tema "aspectos climáticos" o professor pode voltar-se para o desenvolvimento de algumas características do ser humano como a sensibilidade corporal. Esta é, com frequência, deixada de lado, provavelmente por uma tradição racionalista do pensamento ocidental. É importante prestar atenção às reflexões da grande artista plástica Faiga Ostrower: por que não buscarmos a sensibilidade, esse estado de excitabilidade sensorial duradouro? Ela é essencial a todas as formas de vida, não só aos homens, pois a sensibilidade nos abre para o mundo e nos sintoniza com ele (Ostrower, 1977: 12).

Dessa maneira, podem ser criadas e apresentadas condições para estimular o aluno na percepção dos aspectos ambientais, como o calor, o frio, a umidade, o vento etc., e, assim, realçar a concretude corporal do aluno em sua relação com um aspecto do espaço geográfico.

Os alunos podem verificar as mudanças das condições reais de temperatura, umidade, insolação, movimento das massas de ar e compará-las ao longo de um ano e em diferentes locais. São procedimentos para o aluno transpor o nível da percepção imediata e elaborar

paulatinamente o conceito, construindo-o a partir dos elementos da realidade percebidos, observados, analisados, compreendidos e, assim, incorporados, na acepção de que estão interiorizados no corpo.

É um caminho bastante relevante aprofundar a tendência sociocultural de distinguir o semelhante e o diferente, discriminando os aspectos comuns e diversos do clima, entre espacialidades e temporalidades distintas.

Pode-se especificamente explorar a tendência sociocultural para criar categorias, agrupando e classificando fatos e entes semelhantes ou diferentes. E assim por diante, permanecendo com o nosso exemplo no âmbito do que geralmente se coloca como Geografia Física.

Para expor a posição de que os chamados aspectos tradicionais da Geografia podem ser desenvolvidos ativamente, construtivamente, não se entra, nesse exemplo, no âmbito das condições climáticas modificadas por força da predação aguda realizada pelas sociedades industriais e urbanas. Entretanto, além daquele tratamento denominado especificamente de aspectos físicos, para uma compreensão da atualidade torna-se imperativo trazer à tona as graves mudanças climáticas. Daí a necessidade de elas serem analisadas junto com os alunos, merecendo um tratamento didático-pedagógico igualmente favorecedor da produção e aquisição de um conhecimento compreensivo do mundo.

De sua parte, o professor de Geografia poderá lançar mão de textos que ele pode buscar, inclusive nos livros didáticos. Devem ser textos bastante lúcidos e cientificamente corretos com relação à questão climática. Contudo, como se fará o tratamento desse texto?

Uma metodologia tradicional e um conteúdo inovador

É bom frisar a importância do tratamento, tradicional ou crítico, relembrando, apesar de causar constrangimento, uma situação acontecida em 1990 em uma escola pública municipal de São Paulo. Ao entrar na sala após a aula de uma colega, professora de História, via-se escrito no quadro-negro o tema que, segundo o relato dos alunos, ela desenvolvia da maneira que ali constava: "Pergunta: *Quem é o sujeito*

da História? Resposta (escrita com uma letra de aluno): *É o homem".*
"Pergunta: *O que é o processo histórico?* Resposta (idem): *O processo histórico é o modo como podemos compreender e construir integralmente o passado humano, buscando os elos que se estabelecem entre os aspectos passados e os presentes".*

Esse exemplo evidencia o tratamento de um conteúdo que poderia ser até mesmo considerado inovador para as condições da época para uma escola pública. Vigorava, então, o ensino de uma História tradicional, com ênfase no ensino de datas, fatos e vultos históricos. A professora de História desenvolvia suas aulas dentro de uma interpretação histórica então avançada, porém fazia-o sob uma linha didático-pedagógica servindo-se simplesmente da estratégia de aplicação de questionários para serem respondidos mediante a consulta a um texto, ou seja, o livro didático.

Quer dizer, um tema, que poderia ser um instrumento criador de um poderoso conhecimento voltado para a compreensão da história humana, deixou de ter essa força pelo tipo de tratamento didático que lhe foi dispensado.

A descrição visou tão-somente lembrar a necessidade de ser repensado o que é crítico e o que é tradicional, procurando fazer uma distinção a esse respeito entre o conteúdo geográfico e o tratamento didático-pedagógico. Quer dizer, um não significa, necessariamente, o outro.

É possível não chegar ao extremo da situação descrita, porém é preciso questionar: como um determinado tema considerado crítico e questionador será compreendido pelo aluno se este for tratado como um receptáculo vazio e dócil, o qual o professor irá preencher com o saber (crítico) transmitido? Não é esse o efeito de um curso que se desenvolve somente por meio de aulas expositivas que "repetem" oralmente um texto para os alunos ou pede-lhes simplesmente que respondam questões do livro didático?

Um tema usualmente desenvolvido é a divisão internacional do trabalho, em que se busca demonstrar as relações de dependência dos países periféricos no mundo globalizado. Geralmente se mostra um grá-

fico bastante conhecido em que, através de setas, procura-se identificar espacialmente a dispersão industrial e a concentração do capital.

Se esse tema tão importante for colocado aos alunos de maneira expositiva e, principalmente, sem ser relacionado às grandes implicações para os países periféricos e suas populações, o potencial crítico desse tema pode ficar bastante empobrecido. Pode ficar ainda mais prejudicado se não for articulado à vida e ao cotidiano dos alunos que estudam o tema.

Não se trata de uma polaridade opondo os chamados conteúdos geográficos e as metodologias de ensino. Ambos precisam ser articulados criteriosamente para uma aprendizagem compreensiva do aluno.

Assim, há necessidade tanto dos conteúdos como do desenvolvimento de capacidades pelos alunos, aos quais estão voltadas as metodologias de ensino (Coll et al., 2004: 19).

E o ensino de Geografia?

Como é sempre o professor o mediador do conhecimento a ser desenvolvido nas escolas, cabe-lhe trabalhar com desafios como: o que e de que maneira ensinar? Quer dizer, estando no cerne do ato educacional o fazer-pensar do professor e do aluno, o ensinar-aprender adquire uma importância fundamental.

É esse cerne que leva à seguinte indagação: de que maneira o professor de Geografia, ator pedagógico, pode ter em suas mãos a orientação e o traçado de seu trabalho? Continuará a divisão entre aqueles que "pensam" (visto que eles elaboram e estabelecem) e os que "fazem" (uma vez que simplesmente executam o que os planejamentos oficiais encaminham e o que os livros didáticos apresentam pronto)? Quer dizer, repete-se aquela antiga dicotomia estabelecida pelo trabalho fabril entre o pensar e o fazer?

São esses princípios que nos fazem levantar alguns apontamentos iniciais com relação ao ensino de Geografia que integra a escola: qual ensino de Geografia? Quais temas serão tratados nesse ensino? De que maneira cada um desses temas será desenvolvido com os alunos?

A aparente oposição entre teoria e prática

Alguns professores de prática de ensino de Geografia dão maior ênfase ou mesmo exclusividade àquilo que elegem como o mais alto grau ao qual se deve ascender, ou seja, à reflexão como pensamento teórico, considerando secundárias as práticas concretas, já que a elas se chegará uma vez compreendida a teoria.

A opção por desenvolver cursos com um forte fundamento teórico, em geral pouco ou nada vinculado a uma prática à qual esse fundamento se refira, faz parte de uma polêmica entre teoria e prática. Para alguns educadores que têm em alta conta o pensamento teórico, as análises de situações práticas são dispensáveis ou devem mesmo ser evitadas. Isso porque elas são vistas como meros recursos mecanicistas, constituindo apenas atividades sem sentido, meramente empíricas. Estas acabariam, inevitavelmente, levando às "receitas prontas", encaradas como verdadeiras camisas de força castradoras da reflexão por parte do professor.

Trata-se de uma concepção de relação entre teoria e prática. Essa relação chega a constituir-se em um dilema, ficando a prática e a teoria colocadas como se fossem polos que se excluem. No entanto, são indissociáveis em uma aprendizagem e em uma trajetória necessária de ser percorrida para a apropriação de conhecimento.

Cabe então aos professores de prática de ensino de Geografia, em razão da indissociabilidade entre pensamento e ação, o empenho em um exercício sobre o fazer-pensar geográfico voltado para o ensinar-aprender Geografia na Escola Básica.

Ao mesmo tempo, é também em razão de necessidades expressas pelos alunos e professores de Geografia que, após cursos voltados para análises teóricas, deve-se perguntar, com toda a simplicidade e sinceridade: como desenvolver um ensino que seja a concretização das propostas contidas nessas análises teóricas?

Existem várias possibilidades que podem estimular alunos e professores de Geografia a desenvolverem seu saber-fazer, buscando construir sua autonomia pedagógica. Nessa perspectiva, e com a mesma

intenção de vários educadores voltados para o ensino de Geografia, colocamo-nos no esforço de um exercício, preocupando-nos com a prática concreta que busque contribuir para um saber-fazer do professor voltado para as questões que até aqui se buscam discutir.

Os planejamentos de curso

Para os professores que têm uma experiência docente acumulada, referir-se ao planejamento de ensino pode parecer uma intenção inócua, burocrática e contraditória em relação ao que antes foi proposto, quando valorizamos um ensino ativo e reflexivo.

Esse estranhamento tem uma explicação no fato de que o planejamento, a organização e a administração estão frequentemente associados a uma submissão à burocracia, ao predomínio do formalismo, à estrutura hierárquica, que estabelecem a separação entre o trabalho físico e o trabalho intelectual. Enfim, estão associados à dominação e ao poder.

Historicamente temos assistido a esse processo e, no capitalismo, ele se justifica tendo em vista principalmente os interesses da produtividade. A sociedade cria a organização e a burocracia para a dominação, porém essa mesma sociedade acaba criando também o seu oposto (Tragtemberg, 1974: 212).

Nessa perspectiva, o planejamento pode ganhar um sentido que não seja o de um instrumento de uma razão meramente instrumental. Os objetivos destinados ao ensino é que dão um sentido ao planejamento.

O planejamento de curso a curto, médio e longo prazo, envolvendo desde um ano letivo até o Ensino Fundamental ou Médio como um todo, necessita, antes de mais nada, estabelecer suas bases. Tal conceito refere-se a princípios como: que concepções de ensino, de aluno, de conhecimento e de sociedade a escola elegeu?

Embora seja uma afirmação que também se banalizou, tão desgastada que está pelo seu uso intenso em documentos oficiais e em livros sobre educação, entretanto, continua sendo importante e, portanto, é necessário pensar nessas concepções básicas. É em

decorrência delas que devem emergir o planejamento e a organização do curso de Geografia.

Se o empenho estiver voltado para um ensino inovador, democrático e dialógico, planejá-lo significa voltar-se para essa perspectiva. É ela que estará levando à escolha dos temas de estudo, à elaboração e organização dos procedimentos e ações para o seu desenvolvimento, aos momentos, às sequências e à articulação entre os mesmos, bem como à criação de condições para a concretização desse ensino.

Há uma situação de provisoriedade nesse planejamento, pois podem advir, por vezes, novas necessidades que se interpõem, merecendo que coloquemos ou retiremos determinados aspectos ou etapas. Porém, se tivermos clareza dos rumos que nos levam àqueles objetivos do ensino, as modificações que porventura sejam feitas significarão que estamos em sintonia com a dinâmica da realidade escolar. É nessas condições que vemos a possibilidade de o planejamento ser não um ato meramente burocrático, mas um instrumento democrático.

Alguns apontamentos para a organização dos cursos

Consideramos ser importante fazer esta lembrança inicial versando sobre o planejamento ou programa de curso. Antes de mais nada, a organização do curso de determinado ano, bem como a organização dos vários anos do curso como um todo, devem ser pensadas em conjunto.

É importante levar em consideração essa organização, pois, por mais que se pretenda introduzir inovações na estrutura didático-pedagógica da escola pública brasileira, é preciso levar em conta a forma como essa escola real se estrutura, que costuma caracterizar-se pela não-continuidade do(s) mesmo(s) professor(es) ao longo dos diversos anos cronológicos, nos quais os anos letivos do curso como um todo transcorrem.

É preciso também levar em conta essa organização, pois geralmente é destinado às aulas de Geografia no Ensino Básico um tempo escolar tão exíguo que nos põe diante da necessidade de otimizá-lo, na perspectiva de colocar à disposição dos alunos aqueles aspectos considerados candentes, essenciais e básicos.

A escola define a diretividade ou a não-diretividade que ela pretende imprimir ao seu currículo. Escolhe também até onde irá uma ou outra. Existe alguma importância nesses aspectos?

Às vezes, parece que a diretividade camufla um autoritarismo, inclusive sobre o saber-fazer do professor, em nome da necessidade de manter-se a disciplina escolar, buscando uma aprendizagem considerada exitosa, buscando-se a "produtividade" escolar representada pelo índice de aprovação dos alunos e, no caso das escolas particulares, pelo índice de matrícula.

Às vezes, parece que a não-diretividade reflete a não-definição, pela escola, do rumo de seus procedimentos, inclusive no âmbito do ensino-aprendizagem, chegando a um quase *laissez-faire* resultante de uma quase indiferença ou impotência diante das relações sociais escolares.

A adoção de uma linha de trabalho para o saber-fazer didático-pedagógico pode refletir as intenções de uma concepção renovadora. Entretanto, a título de estabelecer condições para desenvolver-se um trabalho inovador e com criatividade, pode-se incorrer em uma anomia e levar a escola a ficar "patinando" nos temas. Diante dessa situação, muitos professores acabam retornando ao império dos livros didáticos.

Tive a oportunidade de vivenciar pessoalmente no final dos anos de 1980 e início dos anos de 1990 uma situação semelhante à anteriormente apontada, em uma rede de ensino municipal que tinha uma proposta teoricamente avançada e renovadora. Após discussões e estudos feitos pelos professores e coordenadores, havia sido escolhido o grande tema gerador da aprendizagem. Em torno dele a escola como um todo iria desenvolver os diversos conteúdos relativos aos diversos componentes curriculares. Esses conteúdos seriam desdobrados no dia a dia das diversas aulas.

Não obstante as imensas dificuldades do ponto de vista das concepções dos professores para o desenvolvimento desse projeto, nos dois primeiros anos de sua prática verificaram-se situações que provocaram satisfação tanto nos professores como nos alunos. Porém, já no terceiro ano de sua vigência, expressava-se um incômodo visível causado pela repetição dos "conteúdos" para os mesmos alunos à medida que estes avançavam em seus ciclos de aprendizagem.

Quer dizer, na experimentação de um projeto pedagógico inovador, o planejamento na escola e no sistema de ensino não considerou a grande dificuldade de os professores percorrerem uma trajetória dialética do particular ao geral, e do geral para o particular.

Poucas foram as discussões para o desenvolvimento em médio e longo prazos, tratando-se de uma situação que era explicada como um processo em construção e o caminho se traçaria com a própria trajetória. Enfim, tratou-se de buscar sair da lógica formal. Porém, como esta é hegemônica no Ensino Superior, no qual acontece a formação inicial dos professores, estes viram-se diante de várias dificuldades para a compreensão da proposta. Por isso, eles voltaram a desenvolver seus temas de ensino com base no livro didático.

Os professores, em geral, costumam listar uma sequência de conteúdos (consultando o índice do livro didático que eles usam) quando solicitados a elaborar os planos de curso para o projeto pedagógico da escola. Não é raro que o procedimento didático-pedagógico dos professores do Ensino Básico, dentre estes os de Geografia, seja o de transmitir ao aluno esses conteúdos de modo muito semelhante àquele que eles adquiriram no Ensino Superior.

Existem várias propostas de ensino de Geografia no que se refere ao planejamento e organização curricular de médio e longo prazo, colocando tópicos, temas, eixos temáticos, blocos temáticos, enfim, buscando destacar e organizar os conteúdos a serem desenvolvidos ao longo da escolarização. Assim, existem as propostas de ensino das redes de ensino municipais, estaduais e uma federal, os Parâmetros Curriculares Nacionais.

Como sempre costuma ser afirmado a esse respeito, trata-se de realizar uma escolha pedagógica que expressa uma concepção de escola e de ensino, caso tenham sido desenvolvidas efetivamente na prática as recomendações ou propostas de tratamento didático-pedagógico. Quanto àqueles projetos pedagógicos apenas escritos no papel para "constar" e encaminhar às autoridades do ensino, lamenta-se que assim o sejam e nem vamos nos ater a eles.

Em geral, os professores de Geografia ou a escola onde eles ministram suas aulas elaboram seus programas de curso acompanhando uma daquelas propostas. Elas são várias e sua análise demandaria um trabalho à parte, e, por isso, não se vai entrar no mérito de cada uma delas. Importa mais, neste momento, referir-se ao tratamento a ser adotado pelo professor de Geografia no desenvolvimento de seus conteúdos, seguindo esta ou aquela proposta de ensino. Isso porque a presença maciça de muitos livros didáticos, trazendo a aplicação direta das instruções ou "sugestões de atividades", tem "padronizado" e, mesmo, aprisionado o trabalho docente, de modo a dificultar o desenvolvimento da autonomia intelectual do professor de Geografia.

Nesse sentido, é conveniente relembrar alguns procedimentos sobre o planejamento de curso. Trata-se de um procedimento usual nas escolas, porém, é necessário apontar alguns aspectos básicos para a organização do programa de curso conforme a série/ciclo.

Organização do programa de curso conforme a série/ciclo

É comum a assertiva de que, antes de qualquer procedimento, é preciso fazer uma reflexão para definir os objetivos da escola e do ensino da disciplina. Apesar de desgastado, continua sendo fundamental falar sobre esse ponto de partida. Senão, podemos nos perguntar: qual trajetória se irá percorrer no ensino de Geografia?

Buscando ir ao encontro desses objetivos, o desenho dos programas de curso das diversas séries/ciclos permitirá a construção do curso de Geografia como um todo ao longo do Ensino Fundamental e do Ensino Médio, criando-se, assim, as pré-condições para se detalhar os desdobramentos a acontecerem nos diversos momentos do curso.

A escola realizou um planejamento de curso tomando por base, para a elaboração do programa, a proposta de ensino de Geografia elaborada pela Secretaria Estadual de Educação? Ou pela Secretaria Municipal? Ou os Parâmetros Curriculares Nacionais de Geografia? Ou um programa resultante da elaboração dos próprios professores da escola? Ou uma transposição dos itens contidos no índice de um livro didático? Pode parecer extremamente óbvio fazer análises sob esse ângulo, entretanto esses procedimentos expressam a concepção de Geografia, de aluno, de escola e de sociedade.

A pertinência dos temas na organização dos cursos

Ao buscarmos a organização dos temas integrantes do programa ou proposta de programa, podem surgir questões como: um determinado tema refere-se a qual momento do curso desenhado a curto, a médio e a longo prazo?

De modo geral, um mesmo tema pode ser tratado tanto nas séries iniciais como nas séries finais do Ensino Fundamental, porém os procedimentos didático-pedagógicos serão muito diferentes, em função de o aluno, sujeito do conhecimento, encontrar-se em momentos diferentes do seu desenvolvimento. Um tema pode ser visto a partir de algumas condições para um determinado momento do programa em curso, porém pode ser visto em outras condições em um outro momento do curso.

Tomemos o caso dos temas "cidade" e "campo", que podem comparecer no ensino de Geografia das séries/ciclos iniciais do Ensino Fundamental, mas podem ser, também, temas em outro momento, por exemplo, no Ensino Médio.

No primeiro caso, as circunstâncias colocadas pelos estágios do desenvolvimento cognitivo do aluno apontam a maneira de trabalhar os temas "cidade" e "campo". É mais compatível com os alunos a ênfase nas caracterizações identificadoras de cada uma dessas duas realidades espaciais. Contudo, estas precisam ser, desde cedo, entendidas nas condições concretas do local em que a escola e o aluno se colocam. Ao mesmo tempo, precisam ser minimamente articuladas às características do processo de urbanização típica dos países do chamado Terceiro Mundo ou em desenvolvimento, como é o caso do nosso país.

No segundo caso, os temas "cidade" e "campo" ganharão abordagens de aprofundamento quanto à análise de suas características e de

suas relações. Desenvolvem-se, por exemplo, alguns conceitos como a verticalização e a expansão urbana desigual, a serem vistos com a reprodução do valor da terra enquanto mercadoria. O campo, de sua parte, requer ser compreendido nas condições em que ele se põe na realidade concreta brasileira, na qual a terra implica a sua propriedade e concentração em mãos de alguns setores sociais e a existência do agronegócio. Significa, também, a existência de um grande contingente de despossuídos, em cuja problemática alojam-se os movimentos sociais.

Pode-se, de uma forma bastante simples, considerar um tema como um assunto para se falar da realidade, e ele contém múltiplas faces, que são as faces a partir das quais olhamos e falamos dessa realidade. Muitos professores de Geografia têm a preocupação de abarcar todos os aspectos, entendendo que, dessa maneira, estarão abordando a totalidade. Em razão dessa totalidade, eles consideram que devem ser tratados desde os chamados aspectos físicos (neles incluindo as diversas maneiras de a natureza expressar-se, como rios, matas, solos etc.) até os aspectos humanos e econômicos (daí derivarem os tópicos sobre população, atividades econômicas etc.).

É bastante compreensível que os professores de Geografia tenham tais preocupações, uma vez que, muitas vezes, elas fazem parte da estrutura curricular do próprio Ensino Superior no qual eles realizaram sua formação inicial. Além disso, o detalhamento desses tópicos faz parte de vários livros didáticos.

Entretanto, levar ao conhecimento dos alunos todos esses aspectos passa a constituir um verdadeiro dilema, em razão da grande quantidade e variedade de tópicos a serem abarcados, incompatível com uma carga horária de aulas de Geografia que costuma ser muito pequena.

Deve-se levar em conta um ponto de partida para o desenho do planejamento do curso, que é a quantidade de aulas de que se dispõe durante o ano letivo. Alguns poderão discordar, considerando ser inaceitável tomar como início de um planejamento uma questão formal e meramente administrativa, quando se está sempre se pautando pelos objetivos e finalidades de um ensino de Geografia que se considera pertencente ao campo das inovações.

Da mesma maneira, pensa-se que a questão se coloca para o curso de Geografia como um todo, ao longo do Ensino Básico. Então, outra vez se faz o exercício de se destacar aqueles aspectos essenciais para a compreensão da realidade ao longo dos agora nove anos do Ensino Fundamental e ao longo do Ensino Médio. Deve-se lembrar, ainda, do agravante de que, dependendo do sistema de ensino ou da instituição escolar, a Geografia nem sempre está presente na grade curricular em todos os anos do curso.

Todos os fatos e a totalidade

Independentemente da exiguidade da carga horária para Geografia, pode-se questionar: há necessidade de que todos os aspectos físicos e humanos sejam ensinados aos alunos?

Em vez de explicar todos os fatos e aspectos (o que é impossível), é importante que se tente realizar sínteses para a organização dos temas. É que quando estamos preocupados com todos os fatos, estamos, na verdade, preocupados com a totalidade. Quando conseguimos captar a realidade como um todo estruturado, no qual estão inseridos os fatos ou conjunto de fatos, estes podem ser compreendidos nas relações que têm entre si e com a totalidade a qual integram (Kosik, 1976: 83).

Sendo assim, ao eleger um determinado tema, isso não significa a necessidade de abordarmos todos os seus aspectos, mas, sim, buscar seu todo estruturado, ou até mesmo seu núcleo principal, a síntese que o explica. Por exemplo, nas séries iniciais do Ensino Fundamental, no tema "município", o importante é aquilo que explica e justifica sua existência. Existem 5.562 municípios brasileiros, e é no contexto explicativo da existência de cada um deles, de sua razão de ser, que é possível procurar a compreensão de um fato qualquer.

É nesse núcleo principal que explica o município que se pode entender a condição de vida dos homens/mulheres, o que eles/elas fazem, que diferenças e semelhanças os separam ou os unem, de onde

vieram, para onde vão, quais são suas perspectivas, que facilidades/obstáculos a natureza lhes apresenta, como esta é apropriada etc.

Nas séries finais do Ensino Fundamental o tema "globalização e regionalização contemporânea" implica que seja buscada a compreensão da articulação indissociável entre uma e outra. Isso porque globalização e regionalização são as facetas de um mesmo processo do desenvolvimento do capitalismo. Não se pode deixar de considerar que a realidade é um todo estruturado que se desenvolve e se cria. Os fatos ou conjunto de fatos precisam ser entendidos no lugar que eles ocupam na totalidade da realidade (Kosik, 1976: 41).

Pergunta-se: que lugar ocupam as diversas regionalizações, atualmente, no contexto da globalização? Qual é o significado do Mercosul, da Alca e que sentido eles têm para o capitalismo hegemônico? A globalização estabeleceu a equidade entre os povos ou, pelo contrário, aumentou as diferenças? A globalização é um fenômeno independente do capitalismo ou é uma forma de este se manifestar? Enfim, qual é o núcleo da questão? Qual é o todo estruturado que explica o tema?

Essas são questões importantes porque são fundantes, nas quais o professor de Geografia precisa debruçar-se para organizar e desenvolver um tema que integra um programa de curso. Para chegar a essas questões de fundo, são necessários vários exercícios de síntese. É a partir da síntese que o professor terá condições de desdobrar os diversos temas que serão objetos de análise.

Como desenvolver um curso que caminhe para a construção dessa totalidade diante do número de aulas de que dispomos? Quais são os aspectos básicos de um determinado tema que sigam naquela direção? Coloca-se, assim, o esforço de destacar aqueles aspectos dos quais não se pode abrir mão para a compreensão de um tema. Certamente, uns podem ser mais significativos, outros podem não ser abordados e, assim, realiza-se um exercício teórico sobre um determinado assunto. Ele é teórico no sentido de, na exiguidade, ser preciso caminhar para a essencialidade.

Um planejamento de curso flexível

O planejamento de curso requer uma atitude disciplinada e ao mesmo tempo criativa, sobretudo nas condições adversas em que se ensina no Brasil. Não se trata de uma tarefa fácil, mesmo quando estão dadas algumas pré-condições favoráveis ao ensino.

No sentido de se exemplificar como é possível articular, em um planejamento de curso, as concepções teóricas e metodológicas da Geografia, os temas, os procedimentos e as condições do contexto escolar, será descrita uma experiência docente desenvolvida em uma escola pública. É preciso adiantar que se trata de uma experiência acontecida durante o período em que Paulo Freire era Secretário Municipal de Educação de São Paulo, na virada da década de 1980 para a década de 1990. Várias das pré-condições existiam para a construção de um projeto de escola.

A inovação pedagógica desse projeto respeitou o desenvolvimento da aprendizagem ainda sob a organização curricular feita na forma de diversas disciplinas tradicionais, dada a necessidade de atender a inserção funcional dos professores. O desenvolvimento dos seus diversos conteúdos tinha por base uma organização temática escolhida pelos professores, que se baseavam em estudos feitos na escola e na localidade.

Os professores deram-se conta da existência de vários dilemas e dificuldades a serem enfrentados, por ocasião da definição do tema curricular. Tratava-se, porém, de uma construção própria, à qual chegaram após estudos e discussões sobre o contexto de sua escola, entendendo-o conforme suas concepções. Quando ingressei nessa escola, mediante concurso de provimento de cargo, encontrei o tema gerador "o metrô", escolhido em 1990, uma vez que a escola em questão localiza-se às portas de um grande terminal do metrô de São Paulo.

Optou-se por um planejamento do curso de Geografia que, tendo o tema "o metrô" como eixo, estivesse com a problemática centralizada na questão urbana correlata. Foram escolhidas situações como as novas configurações espaciais criadas no bairro com a construção do metrô, suas influências sobre os bairros vizinhos e distantes da região

e as condições de vida nestes, uma vez que deles vinha a maior parte dos alunos dessa escola. E, como estrutura explicativa, o fato urbano atual e suas relações com a industrialização. Como se pôde desdobrar essa intencionalidade?

Em geral, as escolas fazem, mesmo que de maneira bastante simples, uma pesquisa socioeconômica sobre os alunos e os bairros de sua moradia. Fazem-no como um dos itens a serem incluídos no projeto pedagógico a ser enviado às autoridades. No caso da escola em questão, os professores, visando principalmente a definição do tema gerador, desenvolveram uma pesquisa socioeconômica. Ela foi utilizada intensamente buscando, na organização do curso de Geografia, o (re)conhecimento dos alunos e seu contexto de vida.

Os professores que há muito tempo estão na prática cotidiana nas escolas públicas passam pela experiência de, todo início de ano letivo, verem-se diante de vários percalços do ponto de vista da organização escolar, como a definição dos horários das aulas, a integração dos alunos etc.

Aproveitando essas condições, as sete turmas de 5as séries frequentaram com regularidade a biblioteca escolar, cujo acervo era bastante razoável. Para quê? Tratava-se da intenção muito simples de fazer com que os alunos chegassem aos livros, enciclopédias, revistas as mais diversas para, literalmente, manuseá-los e predispô-los a terem curiosidade e desenvolverem familiaridade com os mesmos. Talvez este seja um caminho para, depois, ou quem sabe ao mesmo tempo, os alunos passarem a gostar de ler. Sabe-se que, evidentemente, esse gosto não se desenvolve por "osmose"; ele requer um trabalho didático-pedagógico da parte do professor de Português. O professor de Geografia pode participar desse desenvolvimento quando ele estimula e instiga os alunos em sua relação com os livros e a leitura. Verificamos que o frequentar a biblioteca era dotado de uma positividade mostrada nas atitudes, comentários e olhares dos alunos, indicando sua sensibilidade e gosto pela atividade.

As "aulas de Geografia" iniciaram-se com uma atividade de observação direta do meio, feita em uma caminhada em torno do quarteirão da escola, com os alunos munidos de uma planta esquemática mimeografada e de material para fazerem apontamentos.

Em cada uma das sete turmas de 5as séries, a atividade realizou-se de uma determinada maneira em alguns aspectos, havendo situações bastante singulares. Alunos que se admiravam, incrédulos, ao tomarem conhecimento de que, na rua, estavam sobre um córrego canalizado, chegando um deles, posteriormente, a escrever em seu relatório: "eu vi um rio que não vi". Alunos que, ao visitarem uma fábrica de tampas de cortiça para garrafas, davam-se conta concretamente da relação entre a produção e a utilização da natureza. Alunos que, ao entrarem em uma central dos Correios de coleta/distribuição de correspondência, em algazarra descobriam a relação de vizinhança dos diversos bairros da localidade, inclusive o de sua moradia. E assim por diante.

Embora nem sempre, em todas as aulas, encontremos condições ou sentido em "amarrar todos os assuntos" curricularmente, é essencial que sejam realizadas atividades sistematizadoras da aprendizagem. Nesse sentido, o usual "mapeamento" com as suas diversas etapas ou aspectos foi desenvolvido durante várias aulas, com a construção de códigos de representação pelos alunos em suas plantas do quarteirão, nas quais localizaram os fatos identificados no trajeto percorrido.

Isso significa que vieram à luz a linguagem geográfica e seus processos específicos de aprendizagem, tomando-se, porém, como princípio, o respeito e a aceitação dos códigos construídos pelos alunos de 5as séries.

Quais os requisitos necessários para a localização e orientação espacial, essenciais para a construção das representações geográficas? Os temas abordando os pontos cardeais, as formas de localização/orientação espacial, foram desenvolvidos utilizando-se os textos do livro didático. Entende-se que também se aprende com o livro didático, desde que ele deixe de ser usado com um hábito mecânico e repetitivo.

Os alunos transferiram essas noções para a sua realidade vivida, de início inserindo-se corporalmente, localizando-se e orientando-se

no espaço da sala de aula e da escola, depois aplicando essas noções em relação ao trajeto em torno do quarteirão e na localização da escola e da linha do metrô.

Fazendo no pátio da escola uma imensa maquete representando a "planta do quarteirão" construída com cartolinas e caixas de sapato, auxiliados pela professora de Educação Artística, os alunos, ao colocarem concretamente a localização dos fatos observados, discutiam o que estava onde.

No desenvolvimento das várias linguagens está presente o ensino da Geografia como, por exemplo, através do estímulo ao desenvolvimento da oralidade dos alunos, solicitando-lhes a fazerem relatos sobre os fatos observados e a tirarem conclusões sobre os mesmos. Os alunos teciam comentários bem-humorados e alegres, fazendo gozação entre si.

Assim, também, com o auxílio da professora listando no quadro-negro os diversos aspectos relatados pelos alunos, estes produziram textos escritos ensaiando relatórios sobre a atividade e objetivando o exercício da sistematização e a criação do hábito do registro. Alguns alunos escreviam pequenas frases; outros tinham fôlego para um ou dois parágrafos contendo impressões tidas ao longo da caminhada, outros, ainda, restringiam-se a uma listagem de fatos observados. Tratava-se, assim, de uma produção variada.

Os "fundamentalistas" dos conteúdos identificados com uma possível Geografia Crítica podem objetar: onde está o questionamento da realidade? Como se pode, com essas atividades, desenvolver-se o espírito crítico do aluno? Pensa-se que para chegar até eles existe uma trajetória, e é necessário percorrê-la com o intuito de dotar de sentido a aquisição de um determinado conhecimento.

Considera-se essencial aos alunos de 5as séries ampliarem espacialmente seus conhecimentos. Pretende-se fazê-lo a partir das suas percepções sobre a localidade, tendo como ponto de partida os códigos e representações elaborados por eles mesmos durante as atividades iniciais.

O atlas escolar é um material fundamental, bem como o mapa mural, pois eles apresentam aos alunos códigos que não os construídos por eles mesmos. Esses materiais introduzem os alunos à linguagem convencional, buscando a compreensão da existência de normatização e constituição de uma linguagem universal. O entendimento desses códigos é uma decodificação que passa a ser um exercício de leitura de mapas e, por que não, de uma forma de leitura do mundo, em que as representações começam a ganhar significados.

O manuseio de atlas escolar é um exercício de "passear" pelo mundo. Assim, os alunos faziam muitas perguntas sobre as mais diferentes localidades. Riam e zombavam. Ficavam cismados com determinadas toponímias identificadas nas mais longínquas localidades. Entende-se que esse "passear" é essencial, mesmo que não possamos "cobrá-lo" em forma de conhecimento adquirido.

O que eram esses países todos vistos no Atlas pelos alunos? Eles ficavam fascinados com as respectivas bandeiras nacionais e muitos alunos chegavam a copiá-las. Como uma localidade pode chamar-se Liechtenstein? Como um país pode chamar-se Mongólia? Esses espantos servem para iniciarmos o desenvolvimento do reconhecimento do outro. Por que uma cidade brasileira chama-se Limeira? Ou Campo Grande? Ou Santarém? Ou Quixeramobim? Ou Belo Horizonte? Por que não aproveitarmos essa curiosidade ou entusiasmo para desenvolver torneios sobre o reconhecimento de países, estados e capitais? Isto é muito tradicional? Muito mnemônico? Isso não tem sentido? O interessante é que os alunos são lúdicos, gostam de competição, e essas atividades "os amarram" em questões geográficas.

Dentre os diversos fatos identificados por todas as turmas de alunos, elegeu-se o estabelecimento industrial existente no quarteirão percorrido, por permitir que fosse analisada a cidade sob um ângulo característico. Como uma indústria funciona? De onde ela obtém a matéria-prima para fabricar seu produto? Quais são seus fatores de produção?

Tratando-se de alunos de 5as séries, foi-lhes solicitado buscar identificar a matéria-prima da qual são feitos vários produtos do

cotidiano. Ir ao pátio da escola e colocar os alunos na situação de observar o céu, a árvore do pátio, as formigas, e lembrar dos alimentos com os quais eles tinham se alimentado no almoço são sempre maneiras de voltar-se para o tema da natureza, mesmo que não façamos passeios ou estudos do meio no jardim botânico ou no zoológico da cidade. Quando se esclarece que os agrotóxicos estão presentes em quase todos os alimentos, que o tronco das árvores está coberto de fuligem da poluição urbana, os alunos das 5as séries são perfeitamente capazes de duvidar da "natureza natural". A dúvida plantada permite que algumas certezas cristalizadas desde a infância sejam desmontadas, ou seja, desconstrói-se para depois construir.

Os livros didáticos em geral contêm um "ponto" sobre a industrialização, desde a manufatura até a maquinofatura e a Revolução Industrial do século XVIII. Por que não lançar mão desse material? Ele vem a propósito do tema em curso. Os alunos transcreviam em seus cadernos, uma vez que o livro, sendo da escola, deixava-os na contingência de eles mesmos fazerem seus registros escritos. Realizavam exercícios e eram questionados sobre a cidade onde viviam.

Os alunos faziam seus "filmes de desenho animado" desenhando quadrinhos sobre as etapas da transformação do espaço, desde a paisagem natural até a grande metrópole, tomando como referência a sequência de ilustrações trazidas em "Pensando o espaço do homem", de Milton Santos (Santos, 1991). Eles se divertiam com o movimento dado à paisagem, quando folheavam rapidamente as várias figuras desenhadas.

A industrialização e a urbanização de São Paulo, criando grandes periferias urbanas e ensejando intensas migrações, ajudam a explicar a presença dos alunos na cidade, na sua grande maioria filhos de migrantes nordestinos. Por que eles moram na periferia urbana? Como eles vivem nessas periferias?

Não se tratava da preocupação precípua de desenvolver-se uma análise discursiva, tratava-se de solicitar aos alunos que se expressassem por meio de ilustrações ou desenhos (Anexos 6 e 7) os mais variados sobre

o tema, complementando com textos que eles escrevessem, explicando suas intenções. Compararam o próprio contexto com um contexto considerado semelhante pelos alunos, chamando-o de Terceiro Mundo.

Lembramos que são desenhos feitos durante as aulas de Geografia por alunos de 5as séries em 1990, em uma escola pública municipal de São Paulo. No entanto, pode-se fazer algumas análises em relação às ilustrações feitas pelos alunos das 4as séries em escolas mineiras, participantes da pesquisa. Sejam alunos com uma alfabetização gráfica bastante desenvolvida, sejam alunos com uma expressão gráfica menos desenvolvida, importa destacar como a realidade vivida adentra de maneira muito forte também nas ilustrações dos alunos de São Paulo.

Esses trabalhos foram expostos no "varal" montado na sala de aula. Alguns alunos comentavam, rindo ou falando com naturalidade. Outros falavam em tom irônico ou, ainda, alguns alunos permaneciam em silêncio. Riam de si e ficavam tristes porque, sem terem a questão colocada no nível da objetividade explicitada, talvez desconfiassem que nela estava retratada a sua espoliação perante o grande processo de industrialização e urbanização. Este foi comentado, inserindo a população em geral e os alunos nesse quadro, bem como foram colocadas algumas explicações sobre as grandes transformações acontecidas no bairro da escola, em frente da qual foi construído o moderno metrô de São Paulo.

O que é a "vida moderna"? O que é a sociedade contemporânea? Poderia parecer um tema marginal na programação desse curso. Pensamos, contudo, em precocemente lançar algumas pontes para ampliar o estudo, rumo a temas que costumeiramente são desenvolvidos nas séries finais do Ensino Fundamental. Projetamos um desenho animado de 15 minutos dos "Flintstones" que permitiu explorar a diacronia entre os fatos apresentados. Como poderia acontecer uma sociedade de consumo, característica da contemporaneidade, em um momento da história da Terra quando, então, os homens ainda nem existiam? Como os homens e os dinossauros poderiam coexistir

quando também, entre eles, identificamos uma diacronia? Torna-se bastante útil o livro didático, que costuma conter um "ponto" sobre eras geológicas. Quer dizer, o texto do livro didático intervém sempre que seja pertinente no conjunto do planejamento didático do curso.

Em vista do filme utilizado, vimos a possibilidade de se abordar o conceito de "sociedade do consumo", do *american way of life*, e os alunos debruçaram-se sobre a situação contemporânea e buscaram entender o seu sentido. Com as palavras e expressões que foram capazes de formular, os alunos iniciaram o questionamento do modo de vida dos personagens dos "Flintstones".

Os alunos em geral costumam ser severos, moralistas e maniqueístas e, quando emitem juízos de valor, são implacáveis. Mas, também, se forem apresentadas as condições, divertem-se muito e, assim, aprendem. Vimos os alunos utilizarem as expressões "sociedade do consumo" e *american way of life* com o orgulho de quem se sente adulto e, ao mesmo tempo, riam de si por estarem enunciando frases tão "sérias".

Em síntese, a partir de um "estudo do meio", foi desencadeado, do ponto de vista didático, ora a confecção de materiais, ora o desenvolvimento de atividades orais pelos alunos, ora uma explicação expositiva pela professora, ora a utilização do livro didático, ora a projeção de filmes, ora a produção de textos escritos e assim por diante. Ou seja, o planejamento e a organização temática pedem do professor a realização de reflexões para que, caso necessário, (re)defina as estratégias e desenvolva sucessivamente o tema. As bases e os pressupostos geográficos estabelecidos, entretanto, permanecem como pilares do planejamento.

Muitas vezes os professores de Geografia afirmam que não é permitido desenvolver determinadas atividades didáticas como aquelas que os levam a sair das salas de aula, tamanha é a rigidez da organização escolar. Essas realidades precisam ser sempre levadas em conta, dadas as dificuldades encontradas pelos professores. Trata-se de uma situação diferente da experiência didática exposta anteriormente que encontrou acolhida entre os coordenadores pedagógicos e gestores da escola.

O relato dessa experiência teve o intuito de exemplificar os desdobramentos e os passos de uma trajetória de ensino enquanto um esforço para desenvolver um curso que, embora tivesse várias vezes lançado mão do livro didático, não ficou cativo desse material. Tratou-se de um esforço de uma construção de um curso, que busca a autonomia didática e intelectual, que é um atributo do professor.

Acredita-se que os professores de Geografia, diante dos obstáculos postos ao desenvolvimento de suas atividades, encontrarão estratégias adequadas, criativas e possíveis para a construção do seu curso.

A organização curricular do ensino de Geografia e a espacialidade

Próximo, distante, extenso, exíguo, onde, até onde, desde onde, de que maneira, como, por que, para que, quem, para quem; estes são alguns dos aspectos integrantes do "chão" no ensino de Geografia na Escola Básica. Ocupam uma grande importância no estabelecimento do recorte espacial adotado na organização curricular.

A organização curricular pode pautar-se pela definição do "chão". Será esse "chão" o que justifica a existência do ensino de Geografia? Será possível realizar um estudo temático sem a delimitação ou definição do local em que o tema será visto?

A organização curricular pode também ser feita por temas ou facetas da realidade que emergem em determinado contexto. Nesse sentido, existem temas como "cidade e campo", "regionalização", "constituição do território", "questão ambiental" e assim por diante.

Os "círculos concêntricos"

O recorte espacial feito na Geografia escolar expressa uma concepção do processo de conhecimento do aluno da Escola Básica.

A organização curricular do ensino de Geografia estabeleceu desde longa data um recorte espacial sob a forma de círculos concêntricos. Estes pautavam inclusive a organização dos Guias Curriculares estabelecidos nos anos de 1970 durante o governo militar no Brasil.

Esses Guias estabeleciam quais tópicos deveriam ser estudados e qual era a abordagem geográfica a ser-lhes conferida.

Esses Guias criaram raízes, pois, ainda hoje, a organização curricular em forma de círculos concêntricos se faz presente no Ensino Fundamental. Nas primeiras séries inicia-se o estudo da comunidade, em seguida o do bairro, depois o do município e, por fim, o do estado. Na segunda fase do Ensino Fundamental, quando se inicia o trabalho do professor de Geografia, o território brasileiro é o recorte espacial para 5as e 6as séries (Brasil em geral e Brasil regionalizado) e, por fim, o espaço mundial abordado sob diferentes ângulos (os continentes, em especial a América, a regionalização do mundo sob diferentes critérios etc.).

Esse recorte espacial busca sua lógica na justificativa de que o aluno das séries iniciais compreende apenas o concreto, e este pode ser percebido apenas na realidade que o circunda. No processo de aprendizagem, ele adquire uma capacidade maior de abstração, entendida como o distanciar-se no espaço, que se vai ampliando. Trata-se de ir do próximo ao distante, explicando, assim, a circunscrição fechada e concêntrica desses "universos" espaciais de estudo.

A questão pode ser vista de outra maneira. É necessário desenvolver uma organização curricular levando em conta o aluno enquanto sujeito do conhecimento, ocupando, por isso, o centro do processo de aprendizagem. Evidentemente, ao longo do tempo acontecem transformações perceptuais e cognitivas. Contudo, isso não significa que, para atender a uma compreensão que se realiza do concreto ao abstrato, o espaço imediato do aluno deva restringir-se às localizações mais próximas a ele para, gradativamente, ir ampliando-se do ponto de vista da distância espacial.

O global, o local e a base concreta

Uma didática interessada nas possibilidades do aluno implica elaborar estratégias que considerem os recortes espaciais. Implica buscar nestes as possibilidades e os limites sobre até onde as relações que se dão estarão ao alcance da compreensão dos alunos.

Costumamos considerar que, para as crianças mais novas, o seu concreto é a realidade que lhes aparece imediatamente. Ao mesmo tempo, destaca-se a importância de alguns esquemas nas situações de ensino-aprendizagem que desenvolvam estruturas de tempo e de espaço, permitindo aos alunos construírem alguns mecanismos para responderem a uma classe de situações dadas.

Não necessariamente o esquema dos círculos concêntricos corresponde a essa estrutura de tempo e de espaço. É importante desenvolver esses esquemas, mas eles são dinâmicos e funcionais.

Não se está afirmando que não devem ser tratados temas como município, regiões brasileiras etc. Entretanto, estes não podem ser vistos como espaços fechados em si, pois tal análise falseia a realidade atual.

No recorte espacial que se faz, surgem as relações existentes em determinado espaço ou de um espaço com outro, em que emerge a relação entre o local e o global. Nos tempos atuais, tidos como de globalização, essa relação torna-se bastante visível, de maneira que ela pode ser desde cedo esclarecida aos alunos.

Trata-se, na verdade, de realizar um ir e vir constante entre o próximo e o distante, em que um explica o outro. Ao criar condições para o aluno estabelecer as relações entre o próximo e o distante, sua compreensão do mundo ganhará significado, inclusive a da sua realidade imediata, ao serem estabelecidos os elos explicativos entre eles.

Como o aluno pode entender que, em torno dos campos de futebol de várias cidades do mundo, repetem-se quase os mesmos anúncios publicitários vistos no Brasil? Como o aluno pode entender que os veículos automotores das mais diversas marcas que circulam em nosso país têm origem externa?

Como o aluno pode entender a manifestação da cultura urbana como os ritmos *rap* e *funk*, os trajes semelhantes vestidos pelos jovens dos

Estados Unidos, da Europa, do Japão e do Brasil? Como o aluno pode entender que muitos brasileiros estão se mudando para outros países?

O aluno mais novo consegue identificar essas diferenças e semelhanças. Ele pode não estar entendendo como e por que tudo isso acontece. Porém, a força dessas situações pede que o aluno inicie-se na compreensão dessas relações, identificando os locais e buscando algumas implicações imediatas.

No processo de conhecimento, é importante realizar abstrações em que o aluno vá desapegando-se do concreto imediato. O distante se torna próximo no fazer-pensar, apesar da distância espacial, em que a aproximação se dá com a compreensão das relações estabelecidas entre os locais.

Nesse sentido, será que se pode apontar aos alunos mais novos que algumas características da cidade na qual eles moram são semelhantes às de outra cidade? Seus esquemas de compreensão podem tornar-se suficientemente flexíveis, possibilitando a "entrada" de elementos em uma estrutura espacial aberta.

A mobilização de estratégias didáticas adequadas pode, mediante o conteúdo envolvido no conceito de cidade, desenvolver entre alunos novos percepções do próximo e do distante, do diferente e do semelhante. Dessa maneira, cedo eles podem abrir seus modos de pensar. Isto é, pode-se criar condições para o aluno ir construindo esquemas, em um processo que o leve a construir uma totalidade dinâmica e funcional.

É importante o aluno incorporar que o seu universo pessoal não é único, apesar de ele ser-lhe significativo e estar frequentemente carregado de um sentimento de pertencimento ou de identidade. Como o aluno pode abrir-se para o mundo, senão acostumando-se a fazê-lo desde cedo?

O mundo lhes chega, queiramos ou não, mais rápido do que o ritmo que os professores de Geografia imprimem atualmente. As antenas de TV estão disseminadas por todo o território nacional e não se trata da presunção de opor-se a elas. Trata-se de dialogar com o mundo,

que entra pelas telas dos aparelhos de TV, na perspectiva desse diálogo ser problematizador. Esse diálogo pode ser realizado levantando-se questões que devem ser discutidas a partir dos mais diversos contextos expostos pelos meios de comunicação de massa.

É necessário realizar reflexões teóricas gerais e geográficas no sentido que foi apontado até aqui, uma vez que elas são essenciais para compreender articuladamente o ensino de Geografia. O nível dessa reflexão, por sua vez, precisa ser superado não evidentemente no sentido de ser negado e refutado, mas no sentido de que é importante a sua ultrapassagem visando alçar novamente ao patamar do concreto.

Realizado um balanço das exigências da prática docente, verifica-se concretamente o quanto o professor é um investigador, cuja atitude pesquisadora muitas vezes fica dificultada dadas as condições de trabalho em que ele se encontra.

Na busca para minorar essas dificuldades será apresentada na Parte "Um exercício de ensinar-aprender Geografia" uma proposta de procedimento no tratamento dos "conteúdos". É um esforço para articular a reflexão e ação, do ponto de vista dos fundamentos educacionais expressos na prática do ensino de Geografia.

Um exercício de ensinar-aprender Geografia

"O educador que, ensinando Geografia, "castra" a curiosidade do educando em nome da eficiência, da memorização mecânica dos conteúdos, tolhe a liberdade do educando, a sua capacidade de aventurar-se. Não forma, domestica.

Paulo Freire, *Pedagogia da autonomia: saberes necessários à prática educativa.*

aulo Freire menciona o ensino de Geografia, mas poderia referir-se ao ensino de outra disciplina cujas práticas educativas contenham as maneiras de proceder que ele questiona.

Aqui é interessante especificamente dialogar com Paulo Freire a respeito do ensino de Geografia, sem perder de vista o contexto escolar como um todo. Por isso, recoloca-se a polêmica aguda a respeito das condições para o ensinar-aprender existentes em muitas escolas públicas brasileiras. Dito de outra maneira, repete-se o questionamento feito por muitos professores: o ensino desenvolve-se frequentemente da maneira como Paulo Freire critica, muito em função das condições de precariedade em que a escolas se encontram, de uma quase anomia nelas instalada, muitas vezes expressa na (in)disciplina escolar.

Na Parte "Escola e ensino de Geografia", foram tecidas algumas considerações a respeito dessas questões, abordando, também, as condições gerais da escola como um todo. Buscamos articulá-las como uma teia de relações que necessita ser tratada enquanto um pacto negociado em um projeto pedagógico.

Acredita-se, no entanto, que não é o caso de esperarmos pela resolução dos grandes problemas estruturais da escola para, depois, pensarmos nas questões específicas do ensino de Geografia. Entende-se que o todo e as partes estão imbricados. Muitas vezes, alguns aspectos específicos como o ensino de uma disciplina, a exemplo do da Geografia, ajudam a alterar o todo, ou seja, alterar a escola.

Dadas essas expectativas, não se fugirá do compromisso de arriscar a elaboração de propostas, esperando, porém, não sermos entendidos como um receituário.

Nessa perspectiva, foi realizado um exercício didático, pedagógico e geográfico, pretendendo buscar um fazer-pensar acerca das questões que colocamos até o presente momento. É uma sugestão de procedimento cuja ideia central é a de articular sujeito e objeto do conhecimento geográfico.

A melhoria do ensino nas escolas básicas brasileiras toma assento de modo intenso nas preocupações de educadores, tendo vários deles feito propostas e projetos de ensino. Muitos desses guardam algumas semelhanças entre si em alguns pontos, outros mostram-se bastante distintos. Entende-se que essa variedade é uma riqueza do diálogo educacional, evidenciando as diversas possibilidades, segundo os diferentes posicionamentos teórico-metodológicos.

Considera-se que a presente proposta também apresenta algumas semelhanças com proposições de autoria de alguns educadores. Alguns pontos convergem, em especial, com o projeto de ensino esquematizado pela professora Rosalina Batista Braga, da Faculdade de Educação da Universidade Federal de Minas Gerais, cujo companheirismo profissional permitiu que realizássemos várias tarefas conjuntas.

Sugere-se aqui um procedimento didático que se refere às maneiras de o professor desenvolver um tema colocado no planejamento ou programa, que é mais amplo. Buscando sinalizar algumas questões do fazer-pensar do professor e, ao mesmo tempo, buscando destacar aspectos que interessam à Geografia e ao processo de conhecimento, é proposto o seguinte procedimento didático:

• O ensinar-aprender para a construção da trajetória do fazer-pensar geográfico do aluno:

Serão citados alguns pontos que podem orientar o desenvolvimento desse procedimento didático:

⮞ Como começar?
⮞ Por um aluno indagativo e especulador.
⮞ Um saber novo, mas sempre provisório.

Em uma primeira exposição sintética, afirma-se que esse projeto sugere um procedimento inicial que já é quase um jargão. Trata-se de propor o início do processo ensino-aprendizagem pelo saber trazido pelo aluno.

Esse saber contém vários aspectos sobre os quais iremos tecer algumas reflexões e cuja base, antes de mais nada, é o pressuposto de que o ensinar-aprender é uma relação dialógica, na qual o conhecimento posto em movimento ancora-se em um saber preexistente nos interlocutores. É um saber que serve como porta de entrada para novos conhecimentos.

Uma vez que está posto o processo, colocamos a questão: qual é a trajetória do ensino que se desencadeia? Esse ensino segue qual caminho? De que maneira?

Significa que é preciso desenvolver o saber geográfico de maneira contextualizada, colocando ao aluno as diversas facetas possíveis de uma determinada questão, apresentando-lhe problemas a serem analisados. É uma (re)construção da trajetória do saber geográfico do aluno. Ela deve realizar-se articuladamente à sua condição de ser que se desenvolve e se transforma ao longo dos vários anos de escolarização.

Buscando essa perspectiva, traz-se uma expressão repetida à exaustão, a de que o ensino deve ser problematizado. De fato, frente a situações e problemas desafiadores acenando por uma solução, o aluno formula conceitos buscando dotar essas situações de algum sentido (Fávero, 2005: 245).

Até onde o ensinar-aprender pode chegar, tendo percorrido o caminho da problematização contextualizada que busca desenvolver no aluno o pensamento especulativo? Alcança-se sempre um patamar provisório, reconstruindo parcialmente uma trajetória do conhecimento da realidade, que não está acabado.

O novo conhecimento permite que, sem ser definitivo, o fazer-pensar do aluno mediado pelo professor ascenda a um novo fazer-pensar. Este é diferente do anterior, tendo agora novos significados

que, também contextualizados, poderão trazer novos sentidos para a realidade na qual o aluno vive.

Pretende-se discutir com maiores detalhes as questões anteriormente introduzidas, a fim de realizar o movimento "prática-teoria-prática" (Wachowicz, 1991: 94). O processo didático com os pés na realidade concreta abre caminhos para o pensar teórico, em que os conceitos vão desenhando-se e ganhando amplitude e consistência. O pensar enraizado na prática real, por sua vez, eleva essa compreensão até novas práticas, articuladas ao pensar que foi produzido.

Lílian Wachowicz refere-se à didática da aprendizagem escolar que realiza um "movimento do pensamento". O momento básico desse movimento é, pois, a ação do homem em uma determinada realidade. Nesta, o movimento do pensamento acontece em um determinado contexto concreto. Este, sendo percebido, referencia o movimento do pensamento que é colocado em um processo.

O contexto é, pois, fundamental, e leva o homem a elaborar o pensamento sobre a realidade percebida ativamente, sobre a qual ele se volta e atua durante o percurso do seu existir. Quer dizer, o ser humano atua nas condições e no contexto que lhe foram dados para atuar, dos quais resultam condições e contextos particulares que ele conseguiu construir.

Como começar?

Questões que antecedem a didática do ensino de Geografia

Costuma-se afirmar que, enquanto professores, o nosso objetivo é o de que os alunos aprendam. Sendo assim, o esforço deve ser no sentido de criar condições para a aprendizagem. Quais seriam elas?

Dentre essas condições, colocam-se contextualizadamente algumas questões do saber geográfico. Busca-se analisar essas questões juntamente com a (re)construção da trajetória do fazer-pensar geográfico, que precisa estar articulada ao desenvolvimento dos alunos.

Muitos professores mencionam algumas dificuldades dos alunos resultantes da falta de motivação. Esta é explicada pela ausência ou baixo interesse pela aprendizagem, pelas situações no âmbito da (in)disciplina dos alunos que, por sua vez, é colocada como resultante das suas condições socioeconômicas. Discutiu-se brevemente esses aspectos no capítulo específico da Parte "Escola e ensino de Geografia"; é obrigatório considerar as respostas concretas dadas pelos professores. Isso porque eles, juntamente com os alunos, são os sujeitos que vivem as interações do cotidiano escolar, muitas vezes difíceis e penosas.

Contudo, nossa condição nos leva além dos diagnósticos e críticas. Quer dizer, cabe-nos procurar alguns caminhos voltados para o objetivo de ser dos professores que, como afirmou-se ao iniciar este capítulo, é a aprendizagem do aluno.

Algumas possibilidades dentro do próprio ensinar-aprender ligam-se a vários aspectos como os afetivo-relacionais e o autoconceito do aluno. Os professores de Geografia, em geral, sentem-se muito incomodados com esses aspectos e se explicam através da indisciplina e desinteresse dos alunos. Apesar desses incômodos, sabe-se que essas realidades precisam ser trabalhadas, pois elas são também reais como dificuldades e, mesmo, como obstáculos à aprendizagem.

São questões principalmente do âmbito da organização coletiva da escola. Porém, o trabalho específico como professor de Geografia pode contribuir para uma aprendizagem satisfatória levando em conta esses aspectos.

Além disso, para a ocorrência de aprendizagens significativas, é essencial atribuir-lhes um sentido. Para tanto, lembramos alguns pressupostos como a necessidade de o aluno tomar conhecimento do que é para ele fazer, qual é a finalidade de suas atividades, como ele pode ligar-se a um projeto de estudo etc. (Solé, 2003: 50).

Tais pressupostos remetem à cautela de apontar aos alunos a articulação entre a aula em curso e a(s) aula(s) antecedente(s), bem como antecipar os caminhos previstos para a(s) aula(s) subsequente(s). Quer dizer, evitando "cair de paraquedas", poderemos apresentar alguns elementos para o aluno situar-se no contexto das aulas.

Trata-se de um lembrete bastante simples para reavivar procedimentos frequentemente banalizados ou esquecidos pela rotina do trabalho. Porém, eles são importantes como exercícios constantes da articulação entre atos e intenções dos alunos e professores, sujeitos do conhecimento. Eles são importantes para a articulação entre fatos e aspectos do objeto do conhecimento.

Algumas vezes é possível identificar uma depreciação ao fazer-pensar didático do professor, como o procedimento analisado

anteriormente. No entanto, insiste-se em evidenciar sua importância, apontando seu fundamento no desenvolvimento do conhecimento.

Ler e escrever graficamente

Da mesma maneira, é importante reavivar alguns pressupostos do ensino de Geografia que costumam ser denominados de pré-requisitos. São as competências às quais sempre são atribuídas a condição de pré-requisito da Geografia para auxiliar as pessoas na compreensão do espaço. É nessa direção que, nas escolas do Ensino Fundamental, parcela razoável dos professores de Geografia considera ser básico desenvolver a aprendizagem da orientação e localização espaciais.

Muitos professores colocam o dilema do momento mais conveniente em que essa temática seria desenvolvida. Rosângela Doin de Almeida (Almeida, 2001: 18), especialista sobre o tema, aponta a existência de duas posições.

Uma é aquela em que o professor desenvolve as noções de localização, orientação e representação espacial à parte, geralmente no início da programação dos conteúdos de Geografia.

Outra posição, considerada correta pela autora, é aquela em que o professor desenvolve-as ao longo do tratamento dos conteúdos geográficos, estes, sim, os objetos que serão localizados e orientados no espaço. Nessa segunda posição, a orientação e localização espacial contribuem fundamentalmente para entender a espacialidade com que os entes, as pessoas e os artefatos se colocam na realidade.

A representação espacial leva à construção de linguagens, a exemplo dos mapas. Daí que elas precisam ser compreendidas em si e, ao mesmo tempo, como instrumentalizações. Escrever e ler graficamente o espaço faz parte do processo de produção de significados. Nesta perspectiva, o professor de Geografia tem um papel relevante ao trabalhar com diversas representações gráficas como os mapas, contribuindo para a produção de significados e para a compreensão do conteúdo sensível e concreto.

A aprendizagem dos mapas tem sido bastante analisada por vários estudiosos, tendo sido vista como um sistema de codificação e decodificação, com a intenção de criar ao aluno algumas pré-condições para ele ler e escrever geograficamente.

A maior parte dos especialistas em representação espacial destaca a importância de o professor ver o aluno como mapeador e como leitor de mapas. Trata-se da importância de o aluno ir paulatinamente desenvolvendo as formas de representação espacial e os códigos linguísticos da linguagem cartográfica. Assim, ele precisa construir a leitura das representações espaciais até chegar à leitura da linguagem convencional.

Entretanto, é preciso lembrar que o domínio do código escrito não significa, por si mesmo, estar automaticamente envolvido com as práticas sociais ligadas à aquisição desse conhecimento geográfico. Não significa realizar a leitura do mundo em sua dimensão geográfica e produzir um conhecimento voltado para suas práticas sociais.

O registro geográfico constituído pelos mapas, sendo a expressão de um sistema simbólico, é construído pela cultura, e é de natureza social e histórica. Desde a Antiguidade, a história dos mapas é rica em demonstrar como os homens fizeram deles uma construção significativa e simbólica. Tinham em vista registrar suas trajetórias, a localização de artefatos e pessoas e as relações entre eles e os espaços vividos. Quer dizer, os mapas integravam as práticas sociais.

O núcleo dos mapas, assim, está nos significados e sentidos atribuídos pelas pessoas às suas representações, em que os códigos construídos desempenham verdadeiramente um papel de escrita. Deve-se, pois, atribuir essa importância ao código, quando dos procedimentos usuais no desenvolvimento da temática da representação espacial.

Esses códigos e representações necessitam ser dotados de funcionalidade como instrumentalização para a prática social. Lembra-se dos exemplos dados por Yves Lacoste (Lacoste, 1989) analisando a prática militar, na qual se torna evidente essa funcionalidade dos

mapas, tendo em vista uma conquista territorial. É possível evocar a grande funcionalidade dos "mapas do tesouro" das brincadeiras infantis, apontando os caminhos, os obstáculos e os fins dos aspectos registrados. É uma atividade de grande eficiência didática nas séries iniciais e intermediárias do Ensino Fundamental.

A construção, compreensão e utilização de mapas e as noções de orientação e localização espacial são um processo a ser desenvolvido em seus fundamentos desde as séries iniciais do Ensino Fundamental. Esse processo deve ir ganhando complexidade inerente à aquisição de um código linguístico e de um idioma, visando criar condições para o aluno apropriar-se da dimensão gráfica e espacial da realidade geográfica.

Entretanto, para que desde cedo essa aquisição ganhe relevância, ela deve mobilizar o fundamento do saber geográfico em sua principal forma de expressão, que é o "texto" geográfico ou o discurso do mundo.

O sujeito do conhecimento sintoniza-se com a "fala" do mundo, e ele "fala" com aquilo que esse mundo apresenta, que é o objeto do conhecimento. Nessas condições, estabelece-se uma relação dialógica entre o sujeito e o objeto do conhecimento, cuja expressão se faz com o uso do código linguístico adquirido e com o "idioma" geográfico.

Exemplificamos, através de uma situação hipotética, em que, no percurso do ensino-aprendizagem, focaliza-se o tema "território", seu significado, sua formação e configuração.

É possível, inicialmente, fazer uso de um mapa que represente as comunidades indígenas originais do Brasil. A aquisição e/ou desenvolvimento de um novo código de linguagem contido nos mapas merece do professor o investimento para a decodificação dos signos, cujo significado os alunos desconhecem. O significado desses signos e dessa linguagem é um caminho indispensável para o aluno construir o sentido daquilo que está representado.

Nessa aquisição, estão compreendidas habilidades, competências e capacidades como identificação e nomeação das comunidades, localização e extensão das suas áreas, suas continuidade e descontinuidade, con-

centração, adensamento, dispersão e assim por diante. Assim, os alunos estarão adquirindo as ferramentas para analisar e estabelecer conclusões a respeito de um povo constituinte de um território preexistente.

A desconstrução desse território poderá ser compreendida mediante o esclarecimento de um processo acontecido e que ainda está acontecendo. Esse processo está levando a uma nova construção, diferente da anterior e com a atuação de diversos sujeitos sociais.

O uso de um outro mapa sobre a distribuição espacial dos povos indígenas atuais permite evidenciar concretamente que uma territorialidade foi substituída por outra. Essa desconstrução/reconstrução está sendo realizada sob uma outra lógica que não é a dessas comunidades submetidas ao extermínio.

Coloca-se ao aluno a possibilidade de construir um significado para os conteúdos geográficos mobilizados. Esse significado emerge quase "naturalmente", pois a realidade retratada nos dois mapas quase que "fala" por si mesma. A leitura geográfica é a própria leitura do mundo. Esse é um processo amplo que tem também sua vertente geográfica.

O aluno pode, também, ser um "escritor", usando uma forma geográfica de falar através dos mapas e representações gráficas. Ele pode ser um "mapeador" do futuro dos povos indígenas, registrando as inferências que ele possa realizar, de posse de informações, paradigmas e, mesmo, expectativas sobre os povos indígenas.

Pode parecer que nos detemos em analisar uma situação de aprendizagem simplória demais. Porém, ela é necessária, uma vez que a prática docente nos aponta ser real o desconhecimento ou a pouca familiaridade com a codificação/decodificação/significação/sentido dessa linguagem por parte dos alunos.

Em decorrência, ao longo da trajetória do curso, surgem várias possibilidades didáticas. São textos pequenos ou grandes, adequadamente escolhidos, inclusive os publicados em livros didáticos. São textos produzidos pelos alunos, são ilustrações as mais variadas, inclusive as elaboradas por eles. Todos constituem-se em diversas linguagens, assim como a linguagem cartográfica.

Essas linguagens correspondem a várias estratégias didáticas a serem mobilizadas no processo ensino-aprendizagem. No interior da estratégia pedagógica existe um movimento realizado pelo pensamento, na escolha e elaboração dos meios de percepção e de lógicas explicativas, que são o objeto do ensinar-aprender. Essas estratégias, ao atenderem os diversos patamares inerentes ao Ensino Básico, auxiliam os alunos na construção sensível e compreendida de uma realidade.

Trata-se de uma construção que depende fundamentalmente da intervenção pedagógica do professor. Somente este, na aprendizagem escolar, participa da situação presencial interativa, propiciadora do processo dialógico que media a relação do aluno com a compreensão da realidade. Esta pode, assim, ser incorporada como conhecimento que os alunos interiorizam à sua maneira.

Essa interiorização guarda relações com as circunstâncias que, muitas vezes, são até pessoais, ligadas ao contexto de vida de cada um deles. Essa interiorização também se desenha segundo as molduras do contexto sociocultural preexistente e a existir. Nele está presente o trabalho do professor.

Vamos, agora, à questão: como começar?

A sugestão é começar voltando-se para a prática social dos alunos, sua escolarização e sua relação com o saber geográfico. As considerações deste capítulo acenam em direção de questões como:

> • Quem são os alunos?
> • Qual é o seu contexto de vida e de estudo?
> • De qual saber geográfico eles são portadores quando iniciam sua escolarização geográfica e quando são apresentados a um determinado tema?

O aluno, seu contexto e seu saber geográfico

Quando se coloca, como início do desenvolvimento de um tema, a prática social dos alunos, isso significa tratar de uma questão de princípio, a de que o ensino-aprendizagem é uma relação dialógica que pressupõe a relação entre sujeitos que movimentam entre si o conhecimento do mundo.

Reafirma-se também aqui a relação entre sujeito e objeto do conhecimento, incluindo neste o conhecimento geográfico. O aluno, um ser do mundo, quaisquer que sejam as suas condições de ser-estar no mundo, transforma-se enquanto um ser na interação com a sociedade. Transforma-se inclusive na interação com o saber, com o conhecimento, e, assim, também com o conhecimento geográfico. Ele produz-se a si mesmo e, identicamente, produz a realidade, qualquer que seja ela.

Considerações como as feitas anteriormente podem parecer pretensiosas e "meramente" teóricas. Pensemos, porém, na aquisição da leitura e escrita. Embora muitas vezes questionada nos seus métodos e pela maneira problemática como o aluno as tem adquirido, a leitura e a escrita possibilitam abrir caminhos para a aquisição de novos conhecimentos.

Por mínimas que sejam essas aquisições, isso permite à pessoa ampliar seu horizonte, que pode parecer tão parco e insignificante, porém, para ela não o é, como demonstram os relatos das pessoas alfabetizadas e letradas em idade adulta. Por exemplo, esse horizonte pode ampliar-se na medida em que a pessoa adquire maior autonomia para andar pela cidade, para realizar uma leitura de seus signos linguísticos e apropriar-se de seus significados e assim por diante, o que não é pouca coisa.

Conhecer o universo contextual do aluno

Uma vez que o aluno interage diuturnamente com o universo no qual ele vive, torna-se inerente ao procedimento didático do professor inteirar-se desse universo. O aluno na escola, o aluno na aula de Geografia, não é um fragmento de pessoa, ele é esta pessoa como

um todo, ele é um feixe de modos de ser no qual se inclui também o ser cognitivo a quem se pretende disponibilizar algumas formas de compreender geograficamente o mundo.

É possível buscar algumas bases na teoria de Henri Wallon, que concebe o desenvolvimento humano como um todo, incluindo aspectos afetivos, cognitivos e motores que se entrelaçam ao longo de um percurso não linear, com ritmos e processos diferenciados.

Como exemplo, considere o caso de um aluno que, nas aulas de Geografia, identifica e se reconhece em uma determinada situação estudada, por exemplo, as regiões brasileiras, cuja análise é tão usual nas séries intermediárias do Ensino Fundamental. O tema pode desenvolver um tipo de espacialização e estabelecer algumas categorias de análise (semelhante/diferente, onde, até onde, como etc.). Porém, o aluno pode também estar inserindo-se por uma porta de entrada não exatamente a de processos cognitivos. O aluno pode sentir-se integrante ou não desses diversos universos regionais em razão de seu lugar de origem, da sociabilidade acontecida e em curso, da aceitação ou rejeição pelos vários coletivos sociais por onde ele transita (escola, grupos de rua, amizades dos mais diversos âmbitos etc.).

Estamos considerando que a relação do aluno com um determinado objeto do conhecimento não é só cognitiva, mas, acompanhando a linha de análise apontada por Wallon, é uma relação também do âmbito afetivo.

É possível fazer referência ao que atualmente se enfatiza como pertencimento e identidade. São manifestações emergentes no processo pretendido como cognitivo. Podem acontecer manifestações opostas de desenraizamento, de rejeição, de indiferença, de oposição/contestação diante do objeto do conhecimento que lhe está sendo apresentado. Quantas "chacotas" dirigidas aos alunos são verificadas na prática cotidiana?

Aponta-se, assim, algumas maneiras de o aluno desenvolver-se como um todo em suas práticas sociais, inclusive na aprendizagem escolar, inclusive na aprendizagem de Geografia.

As práticas sociais

Quanto às práticas sociais, estas se referem às atividades que cada um realiza na sociedade na qual vivemos, o que significa tratar-se de uma ampla rede de interações de que participamos.

Será que não se trata de uma prática social o ir e vir cotidiano, da casa para o trabalho e a escola, ao longo do qual se desenvolvem alguns hábitos, elege-se um signo que nos referencia na trajetória, por exemplo, um *outdoor*, uma árvore, enfim, um dado de uma paisagem que, por algum motivo, tornou-se significativo para nós?

Será que, nessa paisagem, dada a repetição com que a vemos, os elementos que a integram, constituídos em signos, perdem vigor para nos fazer referência? Nossas práticas sociais, banalizadas pela repetição, podem perder significados. No entanto, estes podem reavivar-se mediante algum eventual acontecimento em curso nessa paisagem, ressignificando nossas referências.

Será que não se trata de uma prática social desenvolvida pelas pessoas, ao irem ao supermercado, comprarem vários artigos supérfluos, que estão deliberadamente colocados nas gôndolas dos corredores por onde necessariamente passam para a aquisição dos produtos procurados? Pode-se ter consciência de que tal prática social tem explicações pertencentes ao âmbito da organização espacial da qual se serve o capital para a realização de seu objetivo de maior lucro. Porém, ainda assim, é possível continuar realizando essa prática.

Será que não se trata igualmente de uma prática social se, nesse supermercado, as pessoas exercerem uma fiscalização rigorosa dos preços e da qualidade dos produtos? Evidentemente, isso, por si só, pode não significar uma prática social mobilizadora, porém, trata-se de um voltar-se para uma intervenção na realidade cotidiana.

Será que não se trata também de uma prática social se, nos casos em que as pessoas forem lesadas nas transações comerciais, acionarem os órgãos de proteção do consumidor? Isso pode significar apenas uma atitude pessoal de defesa dos direitos de cada indivíduo. Porém,

a convergência de vários direitos individuais pode confluir em uma prática social coletiva que pode ser canalizada de modo organizado, ou seja, em uma prática que mergulha no político.

Esses exemplos são utilizados para análise de alguns aspectos do contexto atual. Pode-se transferir esse quadro para os movimentos sociais e políticos, que não nascem prontos nem estão dados *a priori*, nem no passado nem hoje, em pleno século XXI.

Trata-se de um processo semelhante ao que E. P. Thompson (Thompson, 1987) nos apresenta ao analisar o modo como, nos albores do capitalismo na Inglaterra, o que denominamos de práticas sociais cotidianas constituíram-se em formas embrionárias dos movimentos sociais da classe operária. Pode soar a anacronismo fazer uma retomada de uma situação do século XVIII em pleno século XXI, quando alguns consideram a globalização como o dado final e inquestionável do fazer histórico. No entanto, não nos parece que esse fazer dos homens seja linear e sincrônico, pelo contrário, encontramos processos muito díspares em um quadro que é colocado como homogêneo e hegemônico.

Tudo isso implica que a atenção à prática social necessariamente nos encaminha para o meio objetivo no qual os alunos estão inseridos. Isso porque sua aprendizagem geográfica tem um percurso extraescolar, originando-se desde o momento e o local em que eles nascem. Ou seja, é importante criar condições para que venha à tona a realidade na qual os alunos estão imersos.

Isso quer dizer que, objetivamente, é preciso ter a posse de um conhecimento fundamentado a respeito de um meio do qual os alunos desenvolvem suas percepções, uma vez que eles internalizam, de alguma maneira, a realidade objetiva.

Objetividade e subjetividade

A percepção resultante de uma síntese dos vários modos de se achegar e se apropriar do mundo é expressa inclusive subjetivamente. Somos todos portadores dessa subjetividade, professores e alunos.

São essenciais as explicações de Berger e Luckmann (Berger e Luckmann, 1985), que analisam como estão imbricadas nas pessoas a objetividade e a subjetividade. Elas estão indissoluvelmente imbricadas ao longo da existência em um mundo que é intersubjetivo, pois dele participam outros seres humanos. Resumidamente, pode-se dizer que os seres humanos não nascem, mas tornam-se membros de uma sociedade, dada a sua predisposição para a sociabilidade.

Os seres humanos interiorizam a realidade objetiva à qual foi dada um sentido pela sociedade, porém fazem-no seletivamente. Escolhem um certo aspecto, segundo sua localização na sociedade, sendo também escolhidos por essa condição social objetiva. Na sua rede de relações, constitui-se sua subjetividade, sua identidade que é, desse modo, diferenciada.

Por outro lado, a objetividade é inerente ao homem e decorre da sua condição de um ser complexo e *sui generis* no reino animal. Como não possui formas fisiológicas de adaptação ao meio, o homem desenvolveu a necessidade de uma ordenação proveniente do próprio equipamento biológico para dar estabilidade à conduta humana. Quer dizer, diferentemente dos outros animais, o homem tem limites fisiológicos em relação ao meio físico para responder às exigências deste, e daí ele elaborar respostas que são sempre culturais.

Na elaboração dessas respostas, ele é dotado de uma grande plasticidade. Hábitos, repetições, padrões, entram em um processo pelo qual são construídas as institucionalizações de um mundo, tendendo para o estabelecimento da ordem social. Segundo Berger e Luckmann, os homens, exauridos pelas mudanças a que estão expostos pela sua condição biológica, precisam dessa estabilidade.

Assim, a realidade subjetiva do homem gera na realidade objetiva a institucionalização e a posterior legitimação. Estas "dizem" o que compõe e o que significa essa realidade, uma vez que vivemos em um universo simbólico.

Buscando exemplificar de uma maneira bastante simples, quando entramos em contato com determinada realidade objetiva como uma

floresta, construímos uma percepção ou uma ideia da mesma a partir da floresta tal e qual nos colocaram desde a infância, tal e qual a vemos e vivemos de alguma maneira ou dela temos informações. Ou seja, nós nos objetivamos nela na medida em que nós a constituímos como um objeto que irá incorporar-se e integrar-se em nós de diversas maneiras, seja como uma experiência vivida, seja como um saber, um conhecimento do mundo etc.

Contudo, aqueles primeiros contatos e aquelas informações não nos chegam sem que estejam acompanhados de outras formas de relação com o mundo, ligadas à sensibilidade, à subjetividade. Uma floresta pode estar associada à renovação do ar puro e saudável, ao inóspito, ao frio, ao lazer, ao medo. Enfim, não será somente uma forma de percepção e identificação à maneira de um biólogo ou geógrafo interessados na formação vegetal, cuja apreensão, sobretudo conceitual, ocorre seletivamente, colocando a primazia dos processos racionais.

Por sua vez, quando se trata de uma determinada realidade como, por exemplo, uma favela, pode-se defrontar com situações de grande complexidade. A favela, sendo uma modalidade de aglomerado urbano com um tipo de moradia, contém tantas realidades, mas é, basicamente, moradia das pessoas pobres das cidades que, não tendo a propriedade da terra, tornam-se "posseiros urbanos". Dessa condição advém uma série de características, razão pela qual referir-se à favela implica a mobilização de várias percepções, conceitos e pré-conceitos.

Duas situações são descritas, buscando exemplificar esse contexto. O primeiro exemplo refere-se a uma atividade de campo com alunos do curso de Pedagogia da Faculdade de Educação da Universidade Federal de Minas Gerais, quando caminhávamos por uma área onde havia uma favela. Pergunta-se aos alunos se gostariam de levantar alguma questão com os moradores locais. Uma aluna, uma jovem de aspecto delicado, perguntou imediatamente e com voz aflita se havia violência nessa favela.

O outro exemplo refere-se ao relato de Lindalva, uma pré-adolescente de 11 anos, filha de empregada doméstica, caso citado

anteriormente. Mostrávamos várias ilustrações que ela ia comentando e, diante da foto de uma favela, identificou esta de maneira reticente. Primeiramente, denominou-a de morro, explicando, depois, que teve vergonha de nomear a paisagem usando a palavra favela.

Assim se põem os diferentes fazeres-pensares, não só porque são variadas as informações objetivas de que as pessoas são portadoras, mas, também, pela subjetividade das formas de apreensão do mundo. Ao buscar a significação inicial que os alunos têm de uma determinada temática, é necessário considerar o surgimento desses variados componentes.

É bom frisar que a identificação sociocultural vem carregada de componentes não só "conceituais/racionais" e que é importante levá-los em conta quando se fizer um levantamento inicial dos significados construídos sobre a(s) temática(s) em questão.

Em geral, aplicando-se os usuais questionários socioeconômicos aos alunos, faz-se essa identificação sociocultural. Porém, entende-se que, quanto mais a enriquecer, mais criamos condições para apreender a percepção tida por esses alunos sobre o seu meio e a realidade em geral. Essa identificação traz à tona elementos aparentemente simples que, na realidade, são dotados de significados complexos, cuja compreensão nos cabe buscar.

Essa identificação sociocultural é mais do que um procedimento de início do ano letivo. É uma atitude pedagógica diária, na qual o professor considera os alunos no processo de conhecimento como sujeitos do conhecimento, com suas potencialidades ou dificuldades (nos mais diversos âmbitos, cognitivos ou não), sua inserção, apatia, anomia, contestação ou enfrentamento.

Milton Santos (Santos, 1996: 11) sugere trabalhar com as três dimensões do homem: a corporeidade, a individualidade e a sociabilidade.

É uma empreitada difícil, mas é importante estabelecer essa cumplicidade com o aluno. Isso não significa, obviamente, uma atitude de afetividade ingênua e condescendente do professor. É um conhecer

que busca desenvolver o conhecimento pelo aluno, e isso, muitas vezes, requer posições enérgicas da parte do professor.

As transformações do fazer-pensar do aluno ao longo do tempo

Foi dito anteriormente, com frequência, que há semelhanças e diferenças entre os alunos e evocamos a importância de estar atentos às suas individualidades e peculiaridades.

Os professores do Ensino Básico defrontam-se, ainda, entre as várias distinções a serem feitas, com uma que é essencial no ensinar-aprender: as características identitárias de uma criança e de um jovem em relação a um adulto. Ou seja, ao levar em conta suas especificidades, dentre elas as características socioculturais, é necessário debruçar-se sobre as diferenças etárias correspondentes a diferentes situações de aprendizagem.

Isso nos obriga inevitavelmente a considerar os diversos estágios de desenvolvimento dos alunos ao longo de sua aprendizagem escolar. Dito de outra maneira, os diferentes tempos de que são feitas as experiências das pessoas correspondem a diferentes maneiras de compreender e expressar o mundo que, por sua vez, vão transformando-se.

As mais diversas teorias da psicogênese referem-se à existência de determinadas características em determinados contextos temporais da trajetória existencial do ser humano. Essas características também comparecem no percurso do aluno criança e do aluno adolescente. Daí que precisamos integrar a compreensão de tais características entre as preocupações sobre o ensinar-aprender.

Este debruçar-se sobre a compreensão do aluno é de uma imensa complexidade, uma vez que são muitas as mediações socioculturais de diferentes contextos que se põem às crianças e jovens nos diferentes tempos de sua existência. Identifica-se, por isso, que as crianças muitas vezes são individualmente diferentes entre si em alguns aspectos, mas em outros modos de ser elas são semelhantes. Assim, também, acontece com os jovens de diversas idades.

Apesar das diferenças que existem entre vários estudiosos da psicogênese e do desenvolvimento humano, suas contribuições nos auxiliam a compreender melhor essa criança e esse jovem com quem interagimos no ensinar-aprender.

O auxílio dos conhecimentos da psicogênese

Destacam-se, resumidamente, algumas abordagens que buscam alguns referenciais para a compreensão do aluno. Se o consideramos sujeito do conhecimento e se pretendemos tratá-lo como tal, é preciso conhecê-lo e não conferir-lhe o papel de um objeto, receptáculo vazio no qual o professor deposita seus conhecimentos. É, pois, em função dessa finalidade que se fez a síntese que se segue.

Como é do conhecimento da maior parte dos alunos e professores de Geografia, Jean Piaget, em sua teoria desenvolvimentista, considera o ser humano como um ser em desenvolvimento, em quem se fazem presentes grandes momentos ou estágios no seu crescimento, a saber, o sensório-motor (de 0 a 18/24 meses), o objetivo-simbólico (entre 2 e 6/7 anos), o operacional concreto (dos 7 aos 11/12 anos) e o operacional abstrato (a partir de 11/12 anos). Esses momentos têm um fundamento biológico, porém, o ser em desenvolvimento é também um ser interativo que vive em um determinado ambiente social.

As ideias propugnadas por Lev Vygotsky consideram que desenvolvimento e aprendizagem, embora distintos, devem ser entendidos em suas relações complexas. O seu conceito de *zona de desenvolvimento proximal* coloca a possibilidade de identificar-se o processo de desenvolvimento que realizamos até o presente momento e os processos de maturação já acontecidos.

Mais do que isso, é possível identificar aqueles processos em andamento e que nos põem em amadurecimento e desenvolvimento. Daí por que Vygotsky refere-se a um quase aprender, em que se busca apresentar ao aluno elementos, como se estivéssemos "forrando o chão" para que essa aprendizagem aconteça.

Vygotsky discrimina os diferentes momentos dos quais deriva a existência de um desenvolvimento potencial. Neste, o desenvolvimento individual e o desenvolvimento social guardam uma unidade dialética. É nesta unidade que os conflitos e os problemas são expressões da entrada da pessoa em outro momento do desenvolvimento, existindo contradições internas entre o que é exigido por uma determinada situação e o que a pessoa dispõe ou não para responder a essas exigências.

Vygotsky encarna o processo histórico do começo do século XX, iniciado com a revolução acontecida na Rússia e que criou a União Soviética. Daí ele colocar a necessidade de se construir uma nova sociedade que não engendre a fragmentação do desenvolvimento humano em desenvolvimento individual e social.

O caráter histórico-cultural ou sócio-histórico da abordagem de Vygotsky advém da consideração de que cada sociedade é constituída pelos problemas inerentes à sua história. Ela engendra, a partir dos mesmos e do desenvolvimento alcançado, as tarefas também históricas as quais essa sociedade deve empenhar-se em resolver. É uma tarefa que cabe a cada indivíduo dessa sociedade e, nesse sentido, Vygotsky empenha-se em produzir uma ciência relevante para as diversas áreas da prática social, inclusive a educação.

É preciso destacar, ainda, que é um ponto essencial de suas reflexões a importância da linguagem, signos e discursos para a constituição do pensamento e do desenvolvimento das pessoas.

Pode-se dizer que as análises de Mikhail Bakhtin desenvolvem-se próximas às de Vygotsky, pela centralidade das questões da linguagem, dos signos e dos discursos. Porém, em Bakhtin, essas questões ganham dimensões tais que ele entra na análise da literatura, da estética, da filosofia, da ideologia etc.

Acompanhado por vários colaboradores e seguidores, com eles produziu uma vasta obra. Esta tem recebido, hoje, uma atenção especial, sendo pesquisada e discutida notadamente no campo da linguagem. Por suas implicações com a constituição do pensamento e do desenvolvimento humano, Bakhtin leva à reflexão sobre a Educação.

Henri Wallon, médico e militante do Partido Comunista francês, atuou especialmente na primeira metade do século XX. Dentre várias reflexões, ele enfatizou a interação recíproca entre o ser humano e seu meio de maneira que, transformando suas condições de vida, ele transforma-se a si mesmo. Porém, há no desenvolvimento humano uma unidade entre o ser orgânico e o ser psíquico, de maneira que devemos falar em crescimento físico-psíquico. Este acontece ao longo de várias fases e etapas ou estágios da personalidade, desde a vida intrauterina até a idade adulta.

Wallon aponta a importância das relações afetivas desde a infância, influenciando a evolução mental do ser humano. Assim, o humanismo walloniano enfatiza o papel das emoções articuladas à atividade intelectual, dedicando boa parte de suas reflexões para as crianças.

Maria Helena Fávero (Fávero, 2005), dialogando especialmente com Piaget, Vygotsky e Wallon, realiza análises sobre os aspectos essenciais de suas respectivas teorias, de cujos pontos convergentes busca realizar sínteses. Especialista na questão, ela esclarece que, no contexto atual, apesar da existência de pontos de divergência ou até de conflito, muitos estudos contemporâneos caminham para estabelecer pontos comuns entre eles.

Tendo-se em vista a existência de vários aspectos presentes na aprendizagem do aluno, deve-se identificar processos diferentes em tempos diferentes no seu desenvolvimento, ao longo de sua trajetória pelas séries de escolarização no Ensino Fundamental. Quer dizer, no percurso desde onde o espaço é percebido até onde se configura um espaço concebido são diversas as mediações que se colocam na subjetividade do aluno, em sua fantasia, egocentrismo e características cognitivas. Com esse intuito, está reproduzido no Anexo 8 o esquema utilizado durante a docência em Geografia no ensino público municipal. Ele resultou de discussões coordenadas pelo NAE 1 – Núcleo de Apoio Educacional da Secretaria Municipal da Educação de São Paulo, em encontros de professores de Geografia em 1990.

Ou seja, se se pensar no ensino-aprendizagem como uma relação que pressupõe um diálogo que tem como essência a compreensão dos sujeitos dialógicos, é fundamental a consideração dos aspectos que fazem parte do aluno como sujeito do conhecimento.

Isso requer do professor de Geografia um projeto pedagógico que se abra para esse leque de aspectos. São aspectos que se referem ao planejamento dos procedimentos didáticos a serem desenvolvidos em uma aula. Eles dizem respeito ao planejamento do processo didático-pedagógico do curso a médio ou longo prazo.

O saber geográfico "dito" pelo aluno

É no sentido de buscar o entendimento das geografias presentes nas expressões dos alunos que devemos compreender o que o aluno "diz". Em seu papel, o professor de Geografia deve estar atento e incorporar os conhecimentos de diversas origens, mas, sobretudo, deve se colocar com receptividade ao discurso do aluno.

As ilustrações até aqui mostradas servem também para análises que podem auxiliar no ensinar-aprender, levando em consideração outras leituras, lembrando que toda leitura é um olhar que se dirige em razão de alguns objetivos eleitos.

Ao realizar classificações e agrupamentos, utiliza-se como baliza uma determinada sistematização, e é essencial ter consciência de como o pensamento se movimenta ao escolher este e não aquele critério.

Entretanto, é essencial ter consciência de que há diversas outras maneiras de analisar o mesmo fato. Para o professor de Geografia, é essencial compreender a maneira como o espaço é organizado e estruturado, mas, igualmente, é essencial compreender como ele aparece ou desaparece para os alunos.

No entanto, o próprio processo de pensar, que é dinâmico, torna necessária a realização de várias análises, pois outros critérios são colocados para os professores de Geografia educadores.

Ao analisar as representações feitas pelos alunos, é necessário empenho na sua compreensão geográfica, porém esta compreensão precisa ser

tomada na sua relatividade. Ela precisa ser encarada em função do processo que a tornou importante para nós, ou seja, o fato de estarmos interessados no ensinar-aprender em geral e no ensinar-aprender Geografia.

O ensinar-aprender implica um processo de comunicação, de desenvolvimento de maneiras de se comunicar e, portanto, de se expressar, ou seja, das linguagens. No âmbito da expressão gráfica, os alunos realizam, mesmo que incipiente e precariamente, uma aquisição cultivada a partir de várias origens relacionadas à sua primeira infância, com os seus familiares, com as pessoas do seu relacionamento e convívio, assim como com a escola de Educação Infantil.

Quer dizer, são aquisições feitas desde os espaços de socialização primária e ao longo da escolarização subsequente e de outros espaços de socialização, com os quais os alunos irão deparar-se no decorrer de sua vida.

As crianças desenvolvem-se graficamente de diferentes maneiras e possibilidades, mas sempre o fazem, mesmo que, ao manifestarem o objeto a ser representado, elas coloquem poucas informações e elementos, lançando mão de traços, formas, proporções e perspectivas próprias de uma percepção em fase inicial quanto à elaboração da expressão. Quer dizer, por mais que algumas pessoas considerem essa expressão como simples e precária demais, trata-se de um desenvolvimento gráfico em curso.

Ao colocarmos a aprendizagem das crianças nesses termos, não significa permanecermos nos amplos e longos processos de aprendizagem, diluindo o papel da escola e minimizando a parte que lhe cabe nesse processo. Pelo contrário, trata-se de procurar entender esse papel no contexto da trajetória que a pessoa realiza, ao longo da qual está em permanente processo de aprendizagem. Justamente por isso, trata-se de realçar o poder que a escola pode ter, dada a vocação social que lhe foi destinada, de ser especialmente um espaço de aprendizagem e de aprendizagens específicas, inclusive a alfabetização gráfica.

No capítulo "Fazer-pensar: fonte de ensinar-aprender", foram analisadas as ilustrações agrupando-as segundo algumas características que emergiram a partir de sua observação. Considera-se esse procedimento útil para uma compreensão mais global dos alunos e de suas representações.

Destaca-se que essas ilustrações são também diferentes maneiras de eles "falarem" do mundo, significando, também, diversos patamares em que se encontram quanto ao desenvolvimento gráfico. Os enfoques escolhidos e as categorias de análise que foram construídas e apresentadas tiveram em mente apreender a compreensão do universo perceptual e conceitual dos alunos, porém essas ilustrações também permitem identificar uma variedade de situações, do ponto de vista dos recursos desenvolvidos para a representação gráfica.

É essencial estabelecer essas distinções para a presente análise, pois considera-se sempre as mediações sociais, culturais, escolares e pessoais que se interpõem ao processo de aprendizagem e de aquisição/apropriação do conhecimento.

"Ouvir" o que o aluno "diz" com o seu modo de "dizer"

Tudo isso nos põe a considerar que o fundamental para compreender o modo como o aluno está "falando" do mundo é, justamente, "ouvir" essa fala, "ouvir" aquilo que essa fala está dizendo.

Em geral, adota-se o procedimento de buscar ouvir o que queremos ouvir. O professor tem muita dificuldade para considerar a compreensão por parte do aluno, tomando por base os elementos e aspectos que ele está apresentando. Isto é, ignora-se ou minimiza-se a maneira como o mundo está presente no universo desse aluno e está sendo expresso por alguma forma discursiva.

Existem dificuldades para entender e ser entendido e, nessas dificuldades, podem-se incluir alunos e professores. Os enunciados são polissêmicos, pois acabam adquirindo vários sentidos, assim como está presente a polifonia, uma vez que não ouvimos todos a mesma coisa de um mesmo discurso.

Do nosso ponto de vista de professores de Geografia, costumamos analisar as percepções expressas nas representações dos alunos através do papel exercido pelos elementos presentes na constituição de um quadro considerado geográfico como um todo. Ou, então, esses elementos presentes devem ser suficientemente significativos para serem considerados definidores ou pertencentes ao geográfico.

Cremos ser importante destacar a existência de várias ilustrações que, entretanto, fogem dessa categorização usual. Em nosso cotidiano didático-pedagógico, são vários os trabalhos de alunos que costumamos deixar de lado, por serem tidos como irrelevantes do ponto de vista geográfico.

Costuma-se considerar como baliza para a análise das diversas expressões discursivas do aluno aquilo que lhe falta. É a ausência ou a manifestação precária em relação a um determinado patamar que nós, professores, elegemos como essencial e necessário em relação à aquisição de um determinado conceito ou ao desenvolvimento do conhecimento.

Costuma-se analisar as formas discursivas do aluno estabelecendo diversas escalas que chegam, no limite, a ser avaliadas como "pobres", como "sem conteúdo". São tratamentos didáticos não raro acompanhados de um posicionamento da subjetividade do professor, consciente ou inconscientemente, que pode até reforçar nos alunos suas autoestimas sobre competências e incompetências.

Não seria o caso de o professor voltar-se especialmente àqueles alunos que "carecem", na perspectiva de que a autoestima destes seja alimentada pela vontade de querer, de adquirir, de "aumentar", de "completar" o que lhe "falta"? É que, por uma questão político-cultural, nós nos encantamos com a competência e, quando o aluno a manifesta, nossa autoestima se alimenta.

Não se trata de retornar para a recriação das constantes culpabilizações a que o professor tem sido submetido. Trata-se de compreender a contingência de que o professor trabalha como educador e isso o leva quase que inevitavelmente a torná-la, isso sim, uma condição para a compreensão e elaboração do processo educativo.

Representações, significados e ideologias

Dizemos frequentemente que as percepções e representações dos alunos sobre seu meio sociocultural vêm carregadas de significados que expressam o modo de eles apreenderem a realidade. É indispensável acrescentar, entretanto, que esse modo, muitas vezes, associa-se a explicações vinculadas ao complexo campo da ideologia.

Dada a existência de várias concepções de ideologia e as muitas imbricações que ela tem, é preciso situá-la, mesmo que resumidamente. Existe uma concepção básica de que as pessoas, em geral, interiorizam sem perceber um conjunto de ideias e intenções das classes dominantes da sociedade.

É uma das concepções que mais têm circulado quando nos referimos às formas pelas quais nos colocamos diante de um mundo desigual, porém ela tem recebido vários questionamentos por parte de várias linhas de interpretação do pensamento e conhecimento humano.

As representações...

Pode-se sintetizar as várias linhas de interpretação em uma consideração muito simples e comum, a de que o ser humano elabora as mais diversas representações acerca do mundo em que ele se coloca. São representações historicamente constituídas, oriundas das mais diversas formas de percepção tidas no interior e no movimento de sua existência social, psíquica e orgânica.

As representações feitas pelos homens, ao falarem do mundo do qual eles fazem parte, estão plenas de significados. Para a sua elaboração, exercem um papel essencial a linguagem e a criação de signos que são suas expressões.

A linguagem e a criação de signos, ao mesmo tempo, são inerentes à constituição dos homens e dos significados contidos em suas representações do mundo. Várias análises entre as contidas na síntese anterior não consideram tratar-se de uma elaboração tranquila e harmônica, pelo contrário, enfatizam ser uma condição frequentemente contraditória e imersa em processos tensionados.

...e a ideologia

Mesmo entre os defensores das análises sobre as representações sociais, há aqueles que consideram também indispensável levar em conta a ideologia como forma de compreensão do pensamento humano. Sua criticidade permite desmistificar a neutralidade sob a qual o processo cognitivo se esconde, permite mostrar como ela está mediando as relações de dominação e exploração socioeconômica (Guareschi, 1995: 200).

A afirmação de Marx de que a ideologia é a *falsa consciência* tem sido um aspecto basilar e o ponto de partida para as análises por parte dos teóricos que a aceitam como um conceito expressivo do real.

Entretanto, existe uma grande produção atual questionando esse conceito. Surgiram algumas linhas de interpretação que relativizam o conceito de ideologia, considerando-o precário para dar conta de entender-se como se dá a consciência do homem sobre o mundo.

Segundo Castoriadis, o ser humano elabora o imaginário social, que não se trata de ilusão ou fantasia. Trata-se da construção de figuras, formas, imagens e é com elas que o ser humano fala do mundo, em um processo que é todo indeterminado. No seu entender, o conceito de ideologia não dá conta de explicar o pensamento e a expressão humanos. Por estar na base da alienação, que o autor considera insuficiente, a ideologia é um conceito equivocado ou, no mínimo, insatisfatório (Castoriadis, 1982).

De sua parte, Slavoj Zizek (Zizek, 1996: 9) questiona, na atualidade, a pressa em descartar-se a noção de ideologia. Fazer a crítica da ideologia parece ser a busca de um lugar privilegiado, isento das perturbações da sociedade contemporânea, e essa pretensão por si mesma é uma ideologia.

Um balanço da teoria da ideologia aponta os dilemas contemporâneos sobre os quais os marxistas têm se debruçado.

Em primeiro lugar, esses dilemas se voltam para a necessidade de verificar-se que a ideologia não pode ser vista como determinada pela

economia, mas que é, ao contrário, relativamente autônoma. Disso decorrem algumas consequências como o fato de a ideologia ter as próprias leis de movimento, permitindo julgar como reducionismo a consideração de que todas são ideologias de classe.

Em segundo lugar, a questão de a ideologia ter ou não sempre um caráter falso contém um dilema: se se considerar a ideologia como crítica, coloca-se fora dessa análise muitas delas que, visivelmente, são verdadeiras. Por outro lado, se a ideologia for entendida como todas as formas de saberes e práticas, esse conceito perde a agudeza crítica (Abercrombie, Hill e Turner, 1996: 151-66).

A concepção de ideologia baseada na formulação de Marx tem realizado, assim, uma complexa e polêmica trajetória.

As contribuições de Bakhtin

Existem diversas formas de analisar-se a ideologia, que se chocam, complementam-se ou interseccionam-se nas condições atuais. É nestas que vemos a importância de destacarmos Bakhtin (Bakhtin, 1997), para quem a questão da ideologia é central. Já no início do século XX, ele fez análises que, de um lado, podemos considerar como próximas das dos defensores da teoria das representações sociais. Porém, por outro lado, o pensamento bakhtiniano mantém-se próximo da matriz originada no marxismo, ao colocar como ponto basilar as análises sobre as ideologias oficiais e ideologias do cotidiano.

Nesses termos, entende-se valer a pena percorrer seu pensamento que, sendo anterior a essa polêmica contemporânea, elaborou um universo conceitual de maneira bastante ampla e, ao mesmo tempo, profunda.

Bakhtin, marxista que era, partia do entendimento da ideologia como "falsa consciência", ou seja, ideias que se justificam como mascaramento e ocultação da realidade enquanto estratégia de dominação dos poderosos da sociedade. Entretanto, a ideologia não é algo pronto e dado, sendo integrante do universo de signos e da constituição das subjetividades das pessoas.

Existe a ideologia oficial, hegemônica e com conteúdos de certa forma estáveis, uma vez que são institucionalizados, mas existe, também, a ideologia do cotidiano. Esta é instável, sendo engendrada e desenvolvida nas relações sociais cotidianas postas pela produção e reprodução social.

As duas ideologias comparecem em um contexto complexo de relações recíprocas e contraditórias das pessoas em suas relações de proximidade e de convívio, estando tais ideologias em movimento, em uma constante elaboração/reelaboração. Porque é próprio do ser humano a construção de signos, e estes "dizem" e constituem um universo que expressa o modo como ele se relaciona histórica e materialmente.

Os objetos e seres integrantes do universo dos homens têm não só uma função material em relação ao uso que deles se possa fazer, mas, também, vão recebendo significados que vão além de suas propriedades e características materiais. Mais ainda, os objetos e seres adquirem significados resultantes de uma posição do indivíduo na sociedade. Os signos resultam de um ponto de vista carregado de valores, e, por isso, objetos e seres são encarados como bons ou maus, positivos ou negativos, verdadeiros ou falsos etc., correspondendo a valores sócio-históricos.

Os signos são, por sua própria constituição, signos ideológicos. É nessas condições que os signos entram incessantemente na constituição das subjetividades, na constituição de sentidos. Nesse movimento, a infraestrutura da sociedade (sua base econômica) e sua superestrutura (a cultura, o pensamento, as instituições, a política etc.) entram em uma relação que é um jogo constante, mediado pelos signos construídos e adquiridos.

Merecem destaque a língua, a palavra, a construção da linguagem e a enunciação na constituição das ideologias, uma vez que elas impactam ou, no mínimo, reverberam as mais simples e fugazes situações ou mudanças sociais.

No discurso (em especial o da palavra) os signos se entrecruzam, tecendo uma teia de ideologias cotidianas, geralmente contraditórias entre si. É através da linguagem que o ser humano produz e faz circular a ideo-

logia, tanto aquela engendrada cotidianamente como a ideologia oficial, que é o próprio sistema instituído e apropriado pela classe dominante.

Essa linguagem que percorre a ideologia (ela própria carregada de ideologia) é, de um lado, reflexo das relações sociais estáveis dos falantes. Por outro lado, o ser humano aprende a enunciação de outrem de maneira a apreciá-la e, assim, no seu discurso interior, tudo o que é ideologicamente significativo põe-se em movimento.

Nesse movimento, o ser humano que aprende a enunciação de outrem não é um ser mudo, pelo contrário, ele é portador de palavras interiores. Para Bakhtin, a própria atividade mental é mediada pelo discurso interior, que realiza a articulação com o discurso exterior.

Bakhtin esboça, assim, no interior de sua teoria, as relações entre a ideologia e o indivíduo, entre suas condições subjetivas e o mundo objetivo. Um indivíduo que é ao mesmo tempo biológico e dotado de biografia na qual ele se faz, em sua história, a sua inserção social. É desse modo que ele interage, repete as interações que, assim, vão se aprofundando, até o ponto de o indivíduo constituir seu universo sígnico, com seus conteúdos realizados pelo sistema social.

Nessas relações com o outro social, nas relações com o mundo, configura-se uma polaridade ou, no mínimo, um binômio alojado nas relações Eu-Outro. Dessa maneira, o indivíduo constitui suas subjetividades, desenvolvidas no processo de construção dos sentidos, surgidos nos atos discursivos e em todas as atividades humanas.

Estamos presos em um círculo vicioso?

A ideologia é reabastecida constantemente, porque o ser humano é um ser no mundo, que vai criando sistemas sempre atualizados de representações. A trajetória de sua construção é sinalizada pelas interações e trocas simbólicas, sempre em curso em uma sociedade.

A sociedade tem uma base relativamente delineada, estável e sólida. Porém, somos o Eu-Outro, quer dizer, somos uma relação contraditória. Esta nossa condição destrói, constrói e reconstrói os significados sociais.

Deve-se relembrar que os componentes constituintes da complexa subjetividade chegam às pessoas desde a primeira infância. É quando família, parentes, amigos, pessoas dos entornos, escola, igreja, instituições, realizam uma primeira socialização. Esta insere a criança e o jovem na sociedade ao longo dos anos, colocando-os "a par" das práticas e concepções vigentes, socialmente aceitas e desejáveis.

Assim, crianças e jovens internalizam a realidade objetiva, uma vez que eles nascem em um mundo já estruturado pelas representações sociais de sua sociedade, de sua comunidade, de tal maneira que lhes é apresentado e encaminhado um lugar a ser ocupado no desenvolvimento das relações e práticas sociais.

Como a regularidade e a repetição das atividades humanas vão levando à formação de hábitos, a sociedade vai institucionalizando essas ações habituais, no decurso de uma história em que as pessoas compartilham seus papéis e, ao mesmo tempo, desenvolvem o controle da conduta humana, uma vez que esta foi reiterando padrões previamente definidos.

Parece que se está em um círculo social vicioso, fechado em si mesmo e que, uma vez constituído, é uma camisa de força da qual dificilmente se escapa.

É necessário prestar atenção para esses processos de manutenção de uma dada situação vigente. Destaca-se, porém, que esse quadro não é perfeito, pois a socialização sempre é imperfeita.

É bom ressaltar que os conhecimentos produzidos circulam e são distribuídos de modos mais complexos em uma sociedade que se diversifica. Então, na socialização imperfeita (que pode conter formas ideológicas de inserção social) podem atuar outros sujeitos sociais significativos. Estes podem mediar diferentes realidades objetivas para as pessoas (Berger e Luckmann, 1985: 221).

Dito de outra maneira, na imperfeição com que a sociedade engendra a sua reprodução e continuidade, sempre existe algumas situações ou sujeitos sociais diferentes, porém significativos, divergentes ou antagônicos ao enquadramento social. Este pode ser modificado

ou rompido. As pessoas podem distanciar-se ou diferenciar-se desse enquadramento social, dadas as outras mediações na criação de outras realidades fora das consentidas e enquadradoras.

Alguns exemplos de expressões dos alunos

Na interação com os alunos do Ensino Fundamental surgem questões como as citadas, porém nem sempre elas são visíveis. Cabe-nos, pois, o exercício de realizar uma leitura atenta, a fim de estarmos abertos para compreender essas questões. Tem-se novamente os exemplos dos alunos das 4as séries da pesquisa desenvolvida como base para tecer algumas análises em situações concretas.

O "naïf"/ingênuo – I

Uma situação muito presente nos desenhos dos alunos, constituindo 40% da totalidade da pesquisa. São 95 ilustrações que trazem aspectos semelhantes.

Tal dado se refere à situação contida no desenho do Anexo 9. Ela é emblemática por apresentar uma concepção de campo correspondente a uma expressão "naïf"/ingênua e infantilizada de zona rural, que alguns caracterizam como um estereótipo ideológico.

Trata-se de um tipo de expressão que merece uma compreensão mais atenciosa.

Do ponto de vista de uma percepção do campo em seus elementos constitutivos que possam contribuir para fazer uma leitura geográfica, a ilustração do Anexo 9 mostra uma paisagem rural na qual a presença humana, mesmo sem a representação da figura humana, está dita pelo desenho de uma casa de moradia.

O movimento de subjetivação

Contudo, o que interessa é que, quanto à expressão, o aluno pretendeu caracterizar essa casa pelo tratamento esmerado, ao colocar-

lhe sacada na varanda, cortinas nas janelas, porta e janelas enfeitadas. A natureza mostra visivelmente um encantamento passado por uma humanização feliz e risonha, resultante da expressão facial humana dada ao tronco da árvore e ao sol.

Noções como estas, geralmente incorporadas desde cedo, resultam de um movimento de subjetivação bastante complexo. Um processo social variado de construção do imaginário impõe cenários de um mundo desejado, como a representação de uma natureza despojada dos vestígios de desprazer.

Buscando trabalhar a fantasia de maneira a não provocar nas crianças sentimentos sombrios e medos, algumas revistas de história em quadrinhos e desenhos animados de TV transmitem imagens com aquelas características. Elas fazem parte da constituição de um imaginário socialmente constituído desde as primeiras idades.

Existem na psicanálise várias explicações sobre os procedimentos das mães das crianças de expressarem o mundo evidenciando suas representações consideradas mais leves e mais felizes, como se esse mundo fosse um "conto de fadas". Tal atitude materna buscaria o fortalecimento de suas crianças, uma vez que, mais felizes, elas teriam mais condições de, com o crescimento inevitável, viver em seguida a realidade no que esta tem de dura e cruel.

Ainda, segundo vários psicanalistas, os seres humanos buscam intuitivamente o sentido do encanto de viver, de onde surge a importância do brincar e das brincadeiras partilhadas. Elas contribuem para colocar ao alcance das crianças a vida cultural e a fruição da herança cultural.

Dizendo de outra maneira, não se trata de uma atitude romantizada do mundo, mas da necessidade e da busca do lúdico. Walter Benjamin (Benjamin, 1984: 15) considera que, quando as crianças entram no mundo mágico dos contos de fadas, elas chegam a uma percepção muito precisa do cotidiano, não sendo uma atitude vaga ou sentimental.

Entendemos que não basta o provimento das condições materiais de vida para o ser humano. Preferimos dizer que faz parte dele a necessidade

da fabulação, o que significa, com isso, dizer que "a gente quer comida, diversão e arte", como cantaram os roqueiros. O ser humano se alimenta identicamente de fábulas contendo histórias, narrativas, fantasias, sons, formas, cores, movimentos, isto é, contendo a produção humana que o torna humano, socializa-o e o faz desapegar-se do chão do cotidiano.

É possível entender dessa maneira o gosto das pessoas pelo futebol, pelo carnaval, pelas festividades. Se neles estão presentes componentes ideológicos fortemente marcados pela indústria cultural e de entretenimento, no entanto eles vão ao encontro de necessidades lúdicas expressas pelas pessoas. Podemos objetar que se trata de uma produção incentivada e dirigida pelo modo de viver capitalista. Não há como negar essa realidade, porém, nas sociedades pré-capitalistas, as pessoas também buscavam construir suas fábulas.

Por outro lado, é preciso entender que esse movimento de subjetivação caminha para a composição de cenários de um mundo desejado como uma realidade que se quer contida no usual do cotidiano plausível. É um mundo que tem sua razão de ser na proximidade dotada de uma familiaridade possível.

Essa familiaridade próxima e possível é desejável, e é assim que se quer, uma vez que ela dá segurança. Assim, o outro (o mundo) sou eu. O outro e eu somos próximos e familiares, e é assim que eu desejo que seja o mundo, que ele e eu sejamos comuns. Parece que este é o sentido contido no lugar-comum, podendo, por isso mesmo, ser concebido como um lugar-comum do qual todos nós fazemos parte.

Evidentemente, tratando-se do ensino de Geografia, põe-se ao professor um vasto desafio de apresentar a esse universo imaginário do aluno outros elementos de um repertório que paulatinamente acrescente significados às expressões daquilo que representa o campo, a zona rural.

Contudo, na tentativa de afastar-se daquela expressão considerada estereotipada, pode-se, inclusive, enveredar por outros possíveis "estereótipos". Isso porque não significa que o campo esteja sendo representado de uma maneira mais "real" se, padronizadamente, forem

feitas as usuais representações do rural, com a atividade criatória e/ou a produção agrícola. E o leitor então pode se perguntar: todo campo tem tais características?

O real vivido, percebido e sentido pelo aluno contém um significado especial para ele. A partir de certo momento de suas possibilidades de apreensão, o real concebido, que é um real aproximado por alusão explicativa, adquire acréscimos significativos se forem apresentadas ao aluno formas convincentes de compreensão.

É curioso que algumas expressões "naïf"/ingênuas de campo, de zona rural, reproduzem com alguma proximidade os clubes de campo, os hotéis-fazenda, enfim o rural voltado para a proposta de recriação de uma paisagem da harmonia e do lazer. Obviamente, o usufruto do direito ao ócio não está ao acesso de todos em uma sociedade de desiguais, porém, igualmente, também não está democratizado o acesso aos campos de lavoura, às pastagens etc.

A intenção dessas análises, enveredando por várias outras facetas possíveis de serem vistas, é a de que não se trata de refutar o componente ideológico dessas expressões padronizadas sobre a zona rural. Na medida em que buscamos compreender os primeiros significados geográficos dos quais esses alunos são portadores, cremos apenas não ser suficiente encarar suas percepções simplesmente como falsas, irreais ou ideológicas e, por isso, serem descartadas.

A questão locacional – I

Tentar-se-á percorrer a questão da ideologia também por outros caminhos. A pesquisa a respeito dos temas "cidade" e "campo" nas 4as séries do Ensino Fundamental em Minas Gerais buscou, dentre vários aspectos, identificar várias relações. Quais destas os alunos estabeleceriam, até que ponto eles estenderiam essas relações e de que maneira as realizariam?

Os alunos sempre elaboram respostas diante de situações nas quais seus elementos constitutivos evidenciam conter uma lógica que

lhes é solicitado decifrarem. Evidentemente, nem sempre ficamos satisfeitos com algumas dessas respostas, porém muitas delas contêm elementos esclarecedores.

No caso presente, procuramos compreender como a questão das localizações era vista no universo das relações estabelecidas pelos alunos, uma vez que a lógica locacional é uma das grandes preocupações geográficas.

Vemos a importância de reproduzir a ilustração contida no Anexo 10, pois ela nos serviu de base para verificar a questão locacional. Cada um dos alunos recebia essa ilustração e uma folha contendo orientações auxiliares para introduzir o aluno na observação da paisagem apresentada. A única pergunta feita na folha era: "por que você acha que a indústria está localizada nesse local?"

As 236 respostas dadas foram agrupadas nos seguintes 19 itens:

1) o item não foi respondido e está em branco;
2) o aluno responde que não sabe;
3) motivos ambientais e/ou relacionados à saúde das pessoas
4) presença das rodovias, simplesmente;
5) facilidade de acesso pelas pessoas, favorecida pelas rodovias e pelos carros;
6) aspectos estéticos e afetivos (ser agradável, ser bom) expressos na paisagem;
7) afinidade das indústrias com a cidade, daí ser nesta que elas se localizam;
8) afinidade das indústrias com a zona rural, daí ser nesta que elas se localizam;
9) existência de muito movimento;
10) facilidade para compras, pela presença do tráfego de muitos carros;
11) existência de matéria-prima;
12) produção de "bens de consumo"(carros, roupas, geladeiras etc.) feita pelas indústrias;
13) falta de espaço na cidade, levando as indústrias a localizarem-se na zona rural;

14) perigo e ameaça das indústrias à segurança das pessoas e das casas;
15) ambiente de tranquilidade, necessário para se trabalhar, que é oferecido pelo local;
16) propriedade do terreno, levando à instalação das indústrias;
17) proximidade de um estabelecimento industrial com outro, pois eles fabricam produtos semelhantes;
18) falta de outros lugares para a instalação de indústrias;
19) outra resposta não prevista nos itens anteriores.

Esses 19 itens explicativos aparecem nas 10 turmas da pesquisa conforme consta no Anexo 11 (síntese numérica das 19 explicações dos alunos para a localização das indústrias).

Segundo Vergnaud (Vergnaud, 1994: 179), quando um aluno analisa uma situação de proporcionalidade, ele não o faz apenas com o seu repertório relativo à proporcionalidade. Ele o faz lançando mão de todo o repertório que possui: suas competências linguísticas, sociais e afetivas, a elipse, o silêncio, a escuta.

Se for trocado proporcionalidade por localização industrial, pode-se entender a gama de respostas suscitadas pela questão colocada na pesquisa. Os alunos oferecem muitas respostas, que levam à discriminação de 18 itens classificatórios. Apesar disso, foi inventado o item 19 ("outra resposta não prevista nos itens anteriores") que apresenta um total muito expressivo (44 respostas).

Algumas suposições ideológicas

Os alunos navegaram por um amplo espectro de plausibilidades. Várias delas compõem um grupo de explicações em torno da ideia que denominamos de *mecanismos organizadores e reguladores do processo de produção traduzidos na questão locacional*. Isto é, em algum momento ou situação, foi colocado aos alunos o funcionamento desses mecanismos e eles o interiorizaram como inerente à organização espacial (social e econômica) vigente. Quer dizer, eles apontam alguns

fatores locacionais expressando a lógica de uma sociedade que busca a produtividade, sendo, por isso, voltada para o pensamento racional, que cedo vai ser incorporado.

Por outro lado, estão postas outras lógicas que têm entre si o fato comum de serem o que estamos aqui chamando de *explicações humanísticas centradas na defesa do homem e da natureza na localização de uma indústria*. Assim, surgem explicações como a defesa ambiental, a preservação da saúde das pessoas, a beleza do local, a ameaça e perigo para as pessoas e casas trazidos pelas indústrias das quais devem, portanto, manter distância. Na "ingenuidade" desse segundo grupo de respostas, verifica-se uma generosidade que até pode provocar estranheza, tratando-se da localização industrial.

A tendência é considerar o primeiro grupo de respostas mais plausível, indo ao encontro de uma realidade geral, concreta e vigente. Entretanto, pode-se indagar: o aspecto ideológico está no primeiro ou no segundo grupo de respostas?

Por um aluno indagativo e especulador

A superação do saber geográfico do aluno

Qualquer que seja o saber expresso pelo aluno, é inevitável a sua superação. Ou seja, a ultrapassagem do conhecimento faz parte do seu processo. Significa que ao saber anterior colocam-se novos dados que levam à construção de novos significados.

Muitos poderão dizer que as análises estão sendo feitas em termos ideais e utópicos. Entretanto, conheço bastante os termos reais em que se tem dado o saber entre os alunos. Tenho feito um mapeamento de seus problemas de aprendizagem, que tem conduzido a um labirinto de impossibilidades. Refiro-me, agora, às possibilidades e, assim, aponto para as superações.

Um ensinar-aprender a favor de um aluno indagativo e especulador é uma intenção que provoca algumas questões:

> • Como desenvolver o saber geográfico apresentado inicialmente ao aluno a respeito do tema a ser desenvolvido? Como questioná-lo?
> • O que é esse questionamento senão colocarmos um determinado tema de modo a provocar o pensamento do aluno, buscando desenvolver nele o espírito especulativo?
> • Como pode ocorrer a apropriação, pelo aluno, dos instrumentos teóricos e práticos para o desenvolvimento do seu saber geográfico e do seu processo cognitivo?

Na esperança de superar a aparente dicotomia entre a teoria e a prática, é importante apontar a concretude contida nas reflexões. Assim, também, buscar os fundamentos teóricos que podem iluminar as atividades concretas. É com esse intuito que aqui são desenvolvidas mais algumas considerações iniciadas nos itens O "naïf"/ingênuo – I e A questão locacional – I, analisados anteriormente.

O "naïf"/ingênuo – II

No item "O 'naïf'/ingênuo – I", visto no capítulo anterior, são desenvolvidos alguns fundamentos que auxiliam a compreender por que os alunos fazem ilustrações desse tipo. Aqui estão sugeridas algumas possibilidades didáticas que devem ser trabalhadas construtivamente nas aulas de Geografia.

Tem-se como ponto de partida as análises feitas por Henri Lefebvre (Lefebvre, 1991: 43), que desenvolveu uma vasta produção mostrando como a sociedade capitalista moderna esmaeceu os traços da diversidade expressiva.

Para o autor, as sociedades anteriores ao advento do capitalismo continham em seu modo de viver as práticas lúdicas como manifestação da organização de suas relações sociais. A festa era uma maneira de os sujeitos coletivos, dotados de positividade, colocarem-se diante da realidade. Esse modo de viver foi obscurecido pela pasteurização

resultante do processo de padronização dos comportamentos no mundo contemporâneo.

A retomada das reflexões de Lefebvre não significa considerarmos que os desenhos "naïf"/ingênuos dos alunos preenchem as condições representativas do lúdico enquanto festa. Esses desenhos comparecem como uma expressão (mesmo que padronizada e pasteurizada) da necessidade das pessoas. Daí por que consideramos ser uma das condições dos professores de Geografia trabalhar com o imaginário lúdico, com o desejo, com o prazer, brindando as necessidades humanas expressas naqueles desenhos considerados estereotipados.

O foco da questão é: não devemos descartar as representações ideológicas do mundo, mas não devemos permanecer na demarcação de suas fronteiras e realizar uma "perseguição às bruxas". As falas dos alunos servem como indicativos de aprendizagem que não desprezem e descartem as suas suposições ideológicas. Estas devem ser levadas em conta, nos contextos nos quais acontecem; devem estar presentes nas explicações que visam discutir os paradoxos com que a realidade se coloca.

O lúdico como uma possibilidade didática

Geralmente, é delicado realizar um diálogo a respeito do lúdico com profissionais da educação e com os de Geografia particularmente. Isso porque na maioria são pouco abertos a uma temática que eles consideram oposta ao racional. Esta é encarada como a única ou, pelo menos, a grande maneira de compreensão do real.

O professor que "brinca" vai ao encontro das necessidades dos alunos desde os das séries iniciais do Ensino Fundamental. Por outro lado, cabe-nos, enquanto professores, fazermos a iniciação ao *desencantamento do mundo*. Trata-se de uma maneira de analisar o mundo, explicitada pelos filósofos da Escola de Frankfurt (Max Horkheimer, Theodor Adorno, Herbert Marcuse, Walter Benjamin), que passaram a ser bastante conhecidos no Brasil a partir dos meados do século xx.

Esses filósofos fizeram várias críticas ao mundo contemporâneo como, por exemplo, quanto à onipotência e onipresença da merca-

dorização das relações sociais, criando uma lógica do valor ou uma racionalização que destrói as relações humanas. A teoria crítica dos frankfurtianos propõe uma crítica a essa realidade, o que provoca um desencantamento do mundo. O encantamento pode ser restaurado pelas transformações que podemos realizar, principalmente quando o homem desenvolve a sua imaginação, em especial através da arte.

É possível fazer os alunos experimentarem o desencantamento e o reencantamento, apresentando pequenas análises sobre o lazer programado a que ficamos relegados e evocando as festividades que podemos ou conseguimos, hoje, festejar. Essas análises vêm a propósito, pois o lazer tem-se transformado também em mercadoria pela indústria do entretenimento e do turismo.

Por outro lado, o estímulo à manifestação personalizada do lúdico e da expressividade é um desafio que incita a criatividade e o repensar das questões postas pela indústria cultural. São atividades que podem constituir-se em uma grande estratégia didática, facilitando a adesão dos alunos. Elas podem constituir-se em uma experiência existencial criativa e favorecedora da construção de subjetividades voltadas para a expressividade e a elaboração do pensamento.

Nessa direção, vale lembrar um trabalho organizado por um professor de Educação Artística, desenvolvido nos anos 1980, em uma escola pública do Ensino Fundamental da periferia de São Paulo. Os alunos realizaram uma performance em que, em pequenos grupos, corriam e se entrecruzavam em alta velocidade pelo pátio da escola. Rodando velhos pneus de carro pegos em borracharias das adjacências, eles simulavam grupos de bandidos, de policiais, de moradores em fuga, de espectadores e torcedores. Os alunos se divertiam muito torcendo para um ou outro grupo. A atividade tinha se transformado em uma grande brincadeira, porém, carregada de significado.

Em muitas das vezes em que a temática do lúdico foi discutida em cursos para professores de Geografia, alguns manifestavam um tipo de receio. Entendiam que a brincadeira relacionava-se com a

indisciplina e "baderna", as quais não conseguiriam controlar ou dar conta a contento.

Esses professores estavam expressando algumas preocupações relevantes. Isso porque, ao interagirem com 30, 40 ou mais alunos em uma mesma turma, como é costumeiro acontecer na organização escolar brasileira, eles podem deparar-se com situações de, digamos, "alta adrenalina". Nessas condições, seria desumano e arrogante colocarmos esse tema sem levarmos em conta as dificuldades pelas quais o professor passa.

É possível notar que esse tema refere-se a uma necessidade que é, ao mesmo tempo, uma dificuldade no tratamento do lúdico, que requer uma abertura subjetiva por parte do professor. Além disso, requer também um trabalho objetivo do profissional do campo didático-pedagógico.

Daí reiterar a importância da construção de procedimentos coletivamente consentidos. Suas potencialidades e limites podem ser definidos por uma discussão que busque o consenso sobre o aceito/permitido ou não. Essa discussão torna-se um grande exercício educacional quando se busca evidenciar precipuamente a importância e pertinência para a aprendizagem de uma atividade didática dessa natureza.

O aluno dos anos iniciais do Ensino Fundamental vai apropriando-se das múltiplas linguagens com que nos comunicamos e, assim, vai progressivamente usando as linguagens gestual, corporal, plástica, oral, musical, escrita. Porém, ele tem uma característica que traz desde a infância que é a de brincar, mas que, com o tempo, ele vai deixando de lado. Contudo, podemos nos perguntar: será que ele a perde ou, na realidade, deixa de fazer uso escolar dessa forma de expressão?

Na segunda fase do Ensino Fundamental, na interação com o professor especialista, a brincadeira praticamente deixa de fazer parte do universo expressivo e das possibilidades de manifestação existencial dos alunos. Vemos que não só a escola, mas também outros agentes de socialização, estão sempre cobrando do jovem a conquista da seriedade como um atestado de crescimento.

O jovem acaba estabelecendo uma relação bipolar entre brincadeira e seriedade, como se estas fossem excludentes entre si. Para o ingresso no mundo dos adultos, vai ser requisitada do aluno a dominância da seriedade que vai impregnar o aprender, sem possibilidade de matizá-lo com o lúdico. Isso parece mesmo herança do ensino ainda existente em nossas escolas, cuja persistência é possível sentir no ideário de muitos professores.

Assim é que vários professores, por serem portadores dessa concepção de ensino-aprendizagem, associam a seriedade como atributo meritório do conhecimento e do ensino. Brincar por brincar, entregando-se a um ato lúdico, é também uma grande conquista. Porém, do ponto de vista do papel que cabe à escola, essa conquista é criadora se a brincadeira abre as portas e conduz ou chega a um conhecimento. Nesse sentido, podemos torná-la uma estratégia didática, por trás da qual pode existir um conceito sendo trabalhado. É um voltar-se para si e para o mundo, no qual o professor educa os outros e a si mesmo.

Tudo isso corresponde a uma proposta de estarmos sempre com o foco do ensinar-aprender articulado à elaboração do conhecimento, voltando-nos para desenvolver a percepção, a observação, a sensibilidade, a imaginação nos alunos. Suas expressões também precisam estar integrando esse foco, uma vez que elas se encontram no centro de uma relação dialógica.

Essa proposta implica, pois, colocarmos o aluno como ator dentro desse processo do qual ele é copartícipe. Ou seja, suas percepções, observações, expressões, serão parte de uma relação intertextual voltada para uma atitude construtiva. Esta serve para alicerçar a construção de um conceito não pronto *a priori*, porém satisfatório para uma explicação geográfica que se propõe para o contexto local.

Evidentemente, atividades contemplando a ludicidade precisam respeitar o patamar de desenvolvimento do aluno que, ingressando na escolaridade fundamental aos 6 anos de idade, de modo geral irá

concluí-la aos 14 anos. Esse tempo ao longo da trajetória etária implica transformações na maneira de perceber e apreender o mundo e de elaborar o pensamento.

A consideração das diferentes temporalidades no desenvolvimento do aluno ao longo de seu percurso escolar pode parecer uma questão bastante simples, porém não o é, uma vez que elas evidenciam a complexidade de uma didática que esteja voltada para a metodologia do pensamento.

Crianças de 6, 7, 8 anos não se encontram no mesmo patamar da trajetória do desenvolvimento perceptual e conceitual, comparados com os jovens de 13 e 14 anos. São necessárias então abordagens didáticas diferenciadas. Evidentemente, além das diferenciações etárias, a complexidade aumenta quando se colocam as circunstâncias socioculturais de vida e de história escolar dos alunos.

Parece então que, em decorrência das dificuldades implicadas nessa situação, podemos entender o porquê de os professores do Ensino Fundamental buscarem na simples aplicação das atividades didáticas a solução para o dilema da metodologia de ensino.

Contudo, essas atividades didáticas correm o risco de esvaziarem a aprendizagem e constituírem-se em uma aparente manifestação do pensamento operatório. Essas atividades correm esse risco quando são aplicadas por elas mesmas, simplesmente como atividades, não se constituindo em instrumentalizações que levem a uma aprendizagem compreensiva.

Quando do início da disciplina Metodologia do Ensino de Geografia ministrada no curso de Pedagogia da Faculdade de Educação da UFMG, os relatos dos alunos acerca das suas experiências vividas com a Geografia escolar, em especial no Ensino Fundamental, mostram como seus professores os colocavam na situação de simplesmente colorirem muitos mapas, cujo significado não chegava até os alunos.

As questões do ensino e da educação acabam apresentando dificuldades de várias ordens, inclusive quanto à didática que efetivamente esteja a serviço do conhecimento e do pensamento. Alguns professores

de Geografia das Escolas Básicas acabam por incomodar-se e até mesmo colocar obstáculos à reflexão a esse respeito. Eles acabam solicitando nos cursos de formação inicial e de educação continuada "coisas mais práticas", ou seja, o desenvolvimento de atividades.

A questão locacional – II

O pensar indagativo e especulador, pela própria condição, exige a busca de respostas ou de algumas explicações que possam, no mínimo, oferecer pistas para o esclarecimento de um problema surgido.

É um movimento do pensamento em que, acerca de um determinado quadro da realidade (objetiva e subjetiva), o desenvolvimento das questões suscitadas significa rever esse quadro. Significa buscar o entendimento de suas implicações ou, então, de suas contradições, ambiguidades e incoerências.

O desenvolvimento das questões suscitadas significa, também, ensejarmos que outros ângulos, não necessariamente opostos, mas seguramente diferentes, sejam mobilizados, a fim de buscar os porquês de uma determinada realidade.

No item "A questão locacional – I" apresentamos as situações denominadas *mecanismos organizadores e reguladores do processo de produção traduzidos na questão locacional* formando um grupo de características das respostas dos alunos para explicar a localização industrial. Apresentamos também as situações denominadas *explicações humanísticas centradas na defesa do homem e da natureza na localização de uma indústria* formando um segundo grupo de características.

É possível verificar quais, dentre aquelas situações identificadas (e/ou outros aspectos não cogitados em nossa pesquisa), estão presentes em seu bairro, seu município ou em sua realidade imediata? Quais são as implicações decorrentes de sua presença?

As características da realidade local

É importante o professor estar atento às características da realidade local para mobilizar o saber geográfico do qual os alunos são portadores.

Lembramos as mais diferentes estratégias didáticas, inclusive a pesquisa local a ser desenvolvida no contexto particular diante do fato industrial. Essas estratégias serão esclarecedoras quanto mais elas busquem as razões de sua instalação no local. Serão mais esclarecedoras ainda ao desenvolverem um diálogo com os moradores e observarem seu comportamento face ao consumo, suas relações com a questão ambiental etc.

Vários procedimentos didáticos, como painéis de debate, grupo de verbalização/grupo de observação, textos, filmes diversos, aulas expositivas, são instrumentos práticos colocados à disposição dos alunos, constituindo-se em instrumentos teóricos esclarecedores da realidade objetiva.

Nessa perspectiva, podem ser desenvolvidas algumas potencialidades como a elaboração do discurso argumentativo, a atenção em ouvir argumentos dos outros, as comparações entre os diferentes pontos de vista, a busca dos fundamentos explicativos, a construção de consensos, a definição de hegemonias ou a identificação de posições cristalizadas e irredutíveis.

É importante para desenvolver o reconhecimento do outro que os alunos percebam essa diversidade, e o papel do professor não se restringe a apontá-la. Cabe-lhe ajudar os alunos a sintetizarem essa diversidade e realizarem um confronto com os dados da realidade, buscando as explicações mais cabíveis para o cenário em foco.

O trabalho do professor é essencial na definição dos passos da estratégia didática e na mediação a se fazer para a sua concretização. Existem várias intervenções que podem ser desencadeadas, como um estudo comparativo com outros lugares. É a intervenção através de textos (até de livros didáticos), de filmes ou outro meio de informação, no intento de chegar ao núcleo da problematização em pauta sobre os motivos que levam à localização industrial.

É pertinente, desde cedo, sinalizar a existência de outros contextos para alunos das séries iniciais do Ensino Fundamental. Assim, apresentam-se elementos para uma análise reflexiva desses

contextos, tomando como referência o ponto de partida no saber geográfico apresentado pelo aluno, como antes expusemos. Trata-se da relação entre contextos cuja localização espacial é diferente, mas cujas características podem guardar alguma semelhança com a verificada na realidade local. Essa comparação pode esclarecer ambos os contextos e criar condições para o aluno ir desenvolvendo generalizações.

Ultrapassagem da localização espacial funcional

Para além dessas estratégias metodológicas e didáticas, coloca-se, em especial para os alunos de maior idade, a necessidade de se caminhar na direção de análises geográficas, a fim de que os alunos ultrapassem a concepção de uma localização espacial apenas pelo seu aspecto funcional.

Nesse sentido, cabe novamente as explicações feitas pelos alunos da pesquisa sobre a localização industrial. Como exposto anteriormente, de um lado, eles deram ênfase aos mecanismos organizadores e reguladores do processo de produção traduzidos na questão locacional. Por outro lado, eles buscaram explicações humanísticas centradas na defesa do homem e da natureza na localização de uma indústria. Como analisado no item anterior, os dois grupos de respostas contêm significados específicos.

Carlos Walter Porto Gonçalves (Gonçalves, 2004) considera o meio ambiente como uma totalidade indissociável entre natureza e sociedade. As graves questões ambientais apontam o desenho de uma "nova divisão ecológica-territorial do trabalho".

O autor explicita esse conceito apontando as mudanças de 1981 a 1988 na distribuição das indústrias do alumínio no mundo, indicando países em que foram fechadas e nos quais foram abertas. Essas indústrias, altamente poluentes, foram fechadas nos países desenvolvidos e instaladas nos países emergentes. Ou seja, configura-se uma nova forma de organização dos territórios, em que a questão ecológica passa a integrar o centro das decisões dentro do capitalismo.

É possível observar com clareza a lógica que recobre a questão locacional. Carlos Walter cita o papel dos insumos e das pressões dos

ambientalistas, diante dos quais as classes dominantes do Primeiro Mundo trataram rapidamente de transferir suas indústrias para a América Latina, Oriente Médio e Canadá, lugar em que foram instaladas em regiões tradicionalmente habitadas por populações indígenas.

Foi dito anteriormente que a posição dos alunos da pesquisa sobre a localização das indústrias, de um modo geral, caminha por duas vertentes de explicação. Essas vertentes evidenciam, de um lado, a importância dos custos operacionais e dos fatores de produção e, de outro lado, a emergência da questão ambiental, buscando proteger o homem e a natureza.

Surge então uma questão para reflexão: o princípio da realidade e suas evidências devem ser buscados? É para isso que existe um conhecimento objetivo, produto da pesquisa das ciências? Porém, esse conhecimento não é neutro, de maneira que as razões de ser de uma determinada explicação, em especial aquelas relacionadas à pesquisa social, passam por escolhas, e estas significam a tomada de partido por este ou aquele interesse.

Qual explicação "lógica" será colocada à disposição dos alunos para analisarem e entenderem a questão locacional, em especial a localização industrial?

É preciso reiterar aqui o foco da questão: não devemos descartar as representações ideológicas do mundo, em contrapartida não devemos permanecer na demarcação de suas fronteiras e realizar uma "perseguição às bruxas". As falas dos alunos servem como indicativos de aprendizagem que não desprezem e descartem as suas suposições ideológicas. Estas devem ser levadas em conta nos contextos onde acontecem, devem estar presentes nas explicações que visam discutir os paradoxos com que a realidade se coloca.

Geografia(s)

No capítulo "Fazer-pensar: fonte do ensinar-aprender", fizemos algumas considerações sobre o fato de que, para alguns professores

do Ensino Básico, há uma correspondência automática entre as teorias críticas da educação e a Geografia Crítica. Fizemos algumas ponderações de que não basta simplesmente apresentar conteúdos críticos para o ensino de uma Geografia Crítica acontecer.

Isso porque a formação de um pensamento especulador não dispensa o desenvolvimento de metodologias de ensino problematizadoras e questionadoras.

Faz-se, agora, uma inflexão em nossas considerações, dada a convicção de que o pensar indagativo depende da abordagem geográfica em curso. Surge então a seguinte questão: quais conhecimentos geográficos serão mobilizados?

Para que as abordagens geográficas estejam a serviço do desenvolvimento do pensamento especulativo, elas precisam buscar uma compreensão do mundo aberta para o entendimento da realidade em sua complexidade, não se intimidando em debater as suas contradições. Ou seja, um ensino crítico precisa articular metodologias do pensamento e conhecimentos geográficos igualmente problematizadores.

É possível realizar algumas reflexões a esse respeito através de uma situação concreta.

Utilizamo-nos de uma questão da prova de Geografia do SIMAVE – Sistema Mineiro de Avaliação Educacional 2001-2002.

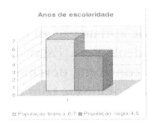

O que esses gráficos podem desencadear, na perspectiva de um ensino que busque o pensamento indagativo do aluno? Pode-se destacar a importância de serem desenvolvidas algumas capacidades operatórias:

→ análise e interpretação do primeiro gráfico contendo dados sobre água encanada em casa. Nesse sentido, faz-se necessário percorrer alguns passos, nos quais identificamos a existência de duas colunas representando numericamente duas populações, comparando-as e concluindo sobre o predomínio de uma ou outra. Estaremos trabalhando para o desenvolvimento de habilidades como a percepção e discriminação de categorias como grande/pequeno, maior/menor, que podem ser aplicadas na compreensão da existência de dois sujeitos sociais diferentes em seus aspectos numericamente relacionais.

→ análise e interpretação do segundo gráfico, também desenvolvendo os passos anteriormente descritos, identificando os diferentes salários médios representados nas duas colunas desse gráfico.

→ análise do terceiro gráfico, identificando, da mesma maneira, o novo aspecto, que são os anos de escolaridade, a fim de que seja percebida sua situação também diferente junto aos dois sujeitos sociais.

Esses procedimentos facilitam aos alunos apropriarem-se da linguagem contida nos gráficos, iniciando-os na leitura de um mundo de representações variadas. Em um determinado momento, os alunos constroem códigos sígnicos de uma linguagem gráfica e, em outro momento, decodificam esses signos e buscam seus significados.

Iniciando nas séries iniciais do Ensino Fundamental, essas apropriações ganham complexidade no decorrer da escolarização. A sua obviedade nos leva a julgar que os alunos irão realizá-las espontaneamente por si mesmos. Entretanto, muitas vezes, mesmo no Ensino Médio, muitos deles não estão de posse do *modus operandi* e do significado dessas representações. Estas podem habilitar os alunos na leitura da realidade, efetivamente propiciada pela leitura dos gráficos.

O que parece evidente para nós, adultos, não o é para os alunos, e entende-se que tal procedimento didático procura buscar esse desenvolvimento. Assim, a análise proposta desdobra objetivamente os dados apresentados nos gráficos, tendo em vista sua compreensão pelos alunos.

Para além dos conteúdos visíveis

Contudo, os conteúdos compreendidos nos gráficos apresentados vão bem além do que até aqui expusemos. Após realizar as análises de cada um deles e a comparação dos três gráficos entre si, emergem, inevitavelmente, do interior dos conteúdos presentes grandes evidências para questionar as diferenças entre as populações negra e branca.

Quais serão os significados subsequentes que podem advir da análise e comparação desses gráficos? Que motivos serão buscados para explicar as causas das diferenças neles indicadas? Quais consequências podem ser apontadas a partir das situações identificadas?

As questões são suscitadas pelos gráficos, mas as respostas não estão nos mesmos. Cabe ao professor colocar à disposição dos alunos informações e discussões que possam esclarecê-las. Ou seja, é preciso ter clareza sobre os encaminhamentos a serem feitos. Isso porque as diferenças entre as condições de vida das duas etnias mostradas pelos gráficos podem derivar diversos significados.

Henry Giroux (Giroux, 1999: 200) afirma que são diversas as explicações dadas às diferenças. Algumas as associam a um pretenso desvio, em geral sem que isso seja formulado explicitamente. É uma abordagem bastante conservadora, ancorada até em explicações tomadas da Biologia. Isto é, esses desvios seriam produtos da natureza; e estas teorias seriam a base do nazismo e do neonazismo.

No Brasil, vemos que, na melhor das hipóteses, essa é uma posição "envergonhada", permanecendo frequentemente oculta na escola, quando se trata do conhecimento em circulação.

Basta, porém, as pessoas colocarem-se em uma situação deflagadora e o desprezo às diferenças se torna visível. Basta lembrar, em nível popular, os *skinheads* que assassinaram homossexuais em São Paulo, os jovens de classe média de Brasília que atearam fogo em um índio, e assim por diante.

No nível das relações escolares, há alunos que escancaram seu desprezo ao outro diferente, muitas vezes utilizando termos pejorativos. Há

professores que também assim procedem. Essa atitude está presente no currículo oculto, mas não no currículo dos componentes curriculares.

Giroux aponta, também, posições de cunho liberal que buscam explicar a existência de diferentes culturas e diferentes etnias como parte da diversidade cultural. Nessa linha de explicação, é dito que determinados hábitos pertencem ao universo manifesto de determinados povos, simplesmente como um traço cultural.

Giroux questiona os liberais, pois, para estes, a "raça" é mais uma das diferenças dentre as muitas que compõem a sociedade. Esta irá assimilar essas diferenças, assim como suas culturas acabarão dissolvidas no caldeirão da cultura que se forma sempre que coexistem várias etnias. Os liberais, na verdade, combatem as particularidades e as diferenças porque elas são um desafio para a cultura unitária, sagrada e imutável.

A versão liberal das diferenças, das diversidades e do multiculturalismo busca refinar a interpretação conservadora. Esta é obviamente truculenta, batendo de frente com a tradicionalmente apregoada democracia racial e a cordialidade do povo brasileiro.

Lembramos os anos do governo militar no Brasil, instalado com o golpe militar de 1964, e suas repercussões nas décadas seguintes no Ensino Básico. As disciplinas Geografia e História correram o risco de desaparecer completamente do currículo das Escolas Básicas, para serem substituídas por Estudos Sociais, Educação Moral e Cívica e Organização Social e Política Brasileira.

Muitos dos conteúdos de todas essas disciplinas versavam em torno de temas como "Somos todos brasileiros!", que hoje integram as análises da identidade nacional, da maneira como é circulada pelos liberais... Nossos costumes regionais – o gaúcho com sua bombacha, chimarrão e churrasco; o nordestino e sua rede de pesca; o vaqueiro mato-grossense cavalgando pelos cerrados e assim por diante – desfilavam nos livros didáticos e nas indefectíveis festas do folclore e festa das nações, com as barracas de pratos e trajes típicos padronizados.

Atividades festivas como as descritas ainda hoje vicejam, tendo como explicação o multiculturalismo e as diversidades culturais colocados de maneira pasteurizada e aligeirada, reiterando e ressignificando as versões de democracia e cordialidade do homem brasileiro.

Na confluência dessa maneira de se encararem as diferenças, podemos analisar os três gráficos das condições de vida da população branca e negra no Brasil. Eles podem ser vistos em suas relações de causa e efeito entre os aspectos como o salário médio, os anos de escolaridade e a existência de água encanada domiciliar, em que um explica o outro ou vice-versa. Esses aspectos constituem-se em diferenças, assim como existem outras, integrantes da diversidade de diferenças.

Num círculo vicioso, são apresentadas estas e outras explicações, sem que as relações de exploração e subalternidade entranhadas no racismo oculto venham à tona. Essa forma de analisar é uma construção de significados resultante de um raciocínio baseado na lógica meramente formal que orienta o pensamento linear, produzindo interpretações a-históricas, acríticas e pseudocientíficas da realidade.

Por outro lado, podem ser mobilizadas explicações, chamadas por Giroux de radicais. Na linha dessas análises, remonta-se às raízes do processo de escravização dos negros, para a formação de um contingente de trabalhadores escravos postos na produção econômica no Brasil.

Esse processo está articulado às práticas políticas, sociais e culturais que dão continuidade à condição subalterna e de exclusão dos negros, desde a passagem do trabalho escravo para o trabalho livre capitalista até os dias atuais.

Finalmente, pode-se perguntar se a realidade retratada pelos gráficos sobre a existência de água encanada em casa, o salário médio e o grau de escolaridade diz respeito somente à grande maioria da população negra. Será que ela também se refere à população pobre, seja negra, branca ou de qualquer outra etnia?

Quer dizer, vê-se como essenciais os alertas feitos por Giroux de que, quando tomamos as etnias como o recorte para explicarmos as diferenças sociais (embora não as negando), não podemos permanecer na atitude de celebração das diferenças. Elas necessitam integrar as possibilidades de (re)construção da sociedade e da escola como espaços

de solidariedade e esferas públicas democráticas. As diferenças devem integrar a base das lutas por igualdade e justiça para esferas mais amplas da vida cotidiana (Giroux, 1999: 203).

Isso significa que é necessário sempre nos interrogarmos sobre quais são as nossas concepções de mundo, de sociedade e de homem que elaboram as práticas pedagógicas e geográficas, confrontando-as com a realidade que nos cerca, de maneira que esta seja problematizada para ser compreendida.

Dizendo de outra maneira, nós, professores, colocamos à disposição dos alunos instrumentos conceituais para a apropriação do conhecimento e para a construção de significados e representações sobre o mundo. É necessário, pois, estarmos sempre nos colocando à reflexão: quais são os significados e as representações que os alunos estarão construindo ao longo de sua escolarização geográfica?

Para além do saber geográfico trazido pelo aluno

Ao mesmo tempo, deve-se perguntar novamente quem são os alunos, pois, apesar de mostrarem muitos pontos em comum, eles apresentam suas peculiaridades. Daí é preciso levar em consideração as identidades e diferenças dos alunos que vão encontrar-se na confluência dos significados e representações, em que se entrecruzam várias linguagens, vozes e experiências. Estas devem ser ouvidas tal qual elas enunciam, sem fazer concessões, pois um simulacro de democracia pode se estabelecer quando dialogamos com o outro considerado diferente e oprimido.

Muitas vezes se tem a tendência de considerar que a fala dos oprimidos, por sua condição, é portadora da verdade, pois resulta da experiência vivida. Porém, insistimos em nossos procedimentos didáticos de buscar o saber trazido pelos alunos, tendo a clareza de que "este não é um apelo para se romantizar essas vozes" (Giroux, 1999: 204).

É uma reflexão que nos leva a uma questão da prática de ensino, na qual pode-se colocar à disposição dos alunos algumas situações apresentadas por várias fontes de informação escolhidas por nós, professores, de acordo com a compreensão que temos dessas situações.

 É com essa perspectiva que se podem mobilizar filmes, textos, enfim, vários recursos que tragam informações para serem discutidas e sobre as quais os alunos se manifestem. Isto é, são informações mobilizadas para os alunos superarem o seu saber.

 Acrescenta-se, pois, que as preocupações sobre as maneiras de desenvolver abordagens geográficas reflexivas não se restringem às questões da metodologia de ensino. Elas as propõem, diante da necessidade de serem discutidas, mesmo que brevemente, por um outro aspecto, trazendo à luz a maneira como concebemos a Geografia.

 Reconhecemos ser problemática a compreensão de algumas questões pouco conhecidas ou, até mesmo, desconhecidas por parte de alguns professores de Geografia das escolas públicas. É grande a sua distância com as universidades e os centros produtores dos estudos geográficos. Estes estudos, apesar de todas as dificuldades, necessitam ser retomados, mesmo que rapidamente e enfocando as posições mais discutidas e polêmicas.

 As considerações que se tenta tecer pretendem apresentar-se como elementos para os professores fazerem a sua escolha dentre as diversas abordagens geográficas. Essa escolha será importante na medida em que pode contribuir para pensar o ensino de Geografia, do ponto de vista das potencialidades de algumas concepções e práticas geográficas escolares.

A(s) Geografia(s) mobilizada(s) no ensinar-aprender

 Ariovaldo Umbelino de Oliveira (Oliveira, 1980: 13-8) apontou, no contexto da época, a existência de três grupos distintos de Geografia produzida no Brasil.

 O autor identificou um primeiro grupo, a chamada Geografia Tradicional, contendo fortes características empíricas e reproduzindo os esquemas explicativos dos geógrafos franceses e anglo-saxões. Ela busca, simplesmente, retransmitir uma ideologia teoricamente superada pelas próprias condições concretas do desenvolvimento capitalista do mundo. Nota-se, entretanto, que a Geografia Tradicional povoa com frequência vários livros didáticos brasileiros, na medida em que estes, por exemplo, trazem textos segmentados em aspectos físicos e aspectos humanos, os

quais estão mais fragmentados ainda em relevo, aspectos climáticos, população, agricultura, indústria etc. e são tratados descritivamente, como se buscassem uma neutralidade *copiada da ciência*.

O segundo grupo é composto pela *New Geography*, nomeada pelos próprios seguidores como Geografia Moderna. Ela autocaracterizou-se como ciência e tomou assento na "acrópole científica", como se fosse portadora da legítima explicação do mundo. Os *new geographers* no Brasil estavam, na verdade, alinhados com a ditadura militar em vigor no país com o golpe de 1964, estando ocupados em produzir ideologia, agora, na etapa monopolista do capitalismo.

Oliveira distingue ainda um terceiro grupo formado por geógrafos que, ao fazerem a denúncia da ideologia das classes dominantes, apontam a importância de dotar os alunos de ferramentas conceituais que os possibilitem compreender a realidade, bem como encetarem a sua superação. Essa Geografia é denominada por alguns como Geografia Radical e por outros como Geografia Alternativa ou, ainda, como Geografia Moral como Geografia Crítica. O autor pergunta se seria possível uma *Geografia libertadora*.

Observamos que, juntamente com as polêmicas acaloradas dos anos de 1970 aos anos de 1990 no Brasil, desenvolveu-se uma polissemia tal que qualquer análise crítica do capitalismo passou a ser considerada como uma abordagem da Geografia Crítica.

Existe algum ponto comum, quanto à sua concepção, entre essa(s) Geografia(s) Crítica(s) com a(s) qual(is) nos deparamos no Brasil? O consenso parece estar na presença da criticidade, buscando não escamotear as contradições na análise da realidade. Seu foco está na abordagem das relações de classe da sociedade capitalista entre, de um lado, os detentores dos meios de produção em situação de dominação e, de outro lado, os setores dominados em subalterna.

Essa análise crítica intensificou a intervenção social concreta dos geógrafos e, nesse sentido, a Geografia ganhou engajamento político, deixando de lado a neutralidade característica da Geografia Tradicional.

A relação entre a produção do conhecimento e o seu contexto

Esse quadro traçado nos anos 1980 distinguindo os diferentes grupos de Geografia é importante, pois eles ainda estão presentes na Geografia escolar. Certamente, nos anos 1990 e na atualidade, apareceram outras abordagens que precisam ser analisadas no contexto em que vieram à tona.

Deve-se considerar que, assim como é necessária a contextualização de todo e qualquer aspecto da realidade, o mesmo acontece também com a construção do conhecimento e de suas teorias explicativas. Se não tivermos esse cuidado, pode-se isolar o objeto de análise, abstraindo-o da relação concreta que esse objeto precisa manter com o real. Quer dizer, corrermos o risco de fetichizá-lo, como se determinado fato ou objeto adquirisse naturalmente sentido por si mesmo, e não por um processo no qual os homens constroem suas obras circunstanciais.

No presente texto, entre as diferentes concepções e teorias da Geografia, nossas referências têm destacado com maior frequência a Geografia Crítica, uma vez que ela é geralmente mencionada por alunos dos cursos de licenciatura em Geografia e por muitos professores das escolas públicas. Entre estes, identificamos algumas práticas que buscam concretizar as abordagens chamadas por eles de Geografia Crítica, entendendo-se, com esse termo, tratar-se de uma análise crítica da ordem vigente.

É possível ainda ressaltar que a Geografia Crítica desenvolveu-se em meados do século xx, e, no Brasil, em especial nos anos 1970 a 1990. Significou que a influência do materialismo dialético aconteceu tardiamente na Geografia, em relação às outras ciências humanas.

As bases de sua análise aconteceram no contexto da Guerra Fria e a Geografia Crítica foi encarada como arma de combate. É importante relembrar a construção teórica da Geografia com raízes na interpretação marxista. Por isso, entendia-se a transformação do mundo rumo ao socialismo nos termos formulados pelo marxismo tradicional.

Essa base teórica deparou-se com as grandes mudanças concretas dos fins dos anos de 1980 e começo dos anos de 1990. Foram

mudanças acontecidas ao contrário da perspectiva que vários marxistas tinham, como a queda do muro de Berlim e o fim do socialismo real nos países do leste europeu.

Ainda que sob a forma de socialismo real, de certa forma o seu fim abalou o projeto socialista. Chegou, mesmo, no interior da condição tardia da Geografia Crítica, a apresentar dilemas teóricos para alguns geógrafos críticos, com dificuldades de "sair dos escombros do muro de Berlim".

É indispensável destacar que a Geografia Crítica adentrou no Ensino Básico, ainda que formalmente, através das propostas de ensino elaboradas no decorrer dos anos de 1980, em especial a "Proposta Curricular para o Ensino de Geografia no Estado de São Paulo", elaborada pela Secretaria Estadual de Educação – SE/Coordenadoria de Estudos e Normas Pedagógicas – CENP.

Essa proposta foi impactante, uma vez que colocava em xeque o ensino de uma Geografia tradicional, positivista, descritiva e neutra. Embora não tenha sido implantada no sentido de transformar-se em prática dos professores de Geografia, a proposta constituiu-se em um documento que se tornou uma referência nos cursos de licenciatura e nas disciplinas de prática de ensino de Geografia das universidades, segundo relatos de Nídia Nacib Pontuschka (Pontuschka, 1999:111-2).

É nesse mesmo contexto que se tornaram mais fortes as críticas feitas a vários aspectos das análises da Geografia Crítica que, do ponto de vista metodológico, vinham sendo levantadas há algum tempo. Em geral, essa polêmica teve um encaminhamento genérico, não englobando muitos dos geógrafos críticos. Ao mesmo tempo, as questões foram dirigidas ao que se costumou chamar, também genericamente, de Geografia Crítica. Vale acrescentar que as discussões dessa natureza eram feitas também em outras ciências humanas.

Dentre esses questionamentos, destaca-se a consideração de a Geografia Crítica ser economicista. Quer-se dizer que os fundamentos de

sua interpretação estão fincados na chamada infraestrutura da sociedade, correspondente às relações de produção e aos processos econômicos.

Com base no econômico, objeta-se que essa Geografia acaba por englobar indevidamente as demais esferas da realidade. Esta fica aprisionada em um quadro de explicações, em um arcabouço estruturado determinado pela chamada base econômica da sociedade. Os questionamentos são feitos no sentido de que essa base econômica não dá conta de explicar toda a realidade. Assim, as análises derivadas do materialismo dialético passam a ser consideradas reducionistas.

Dito de outra maneira, essas abordagens também são tidas como estruturantes do real, em cujo arcabouço explicativo cabe todos os aspectos da realidade. Todos estes ficam enquadrados nesse arcabouço teórico. As especificidades são abordadas apenas como contradições. Essas grandes análises estruturantes são questionadas porque podem comprometer a compreensão das multiplicidades concretas.

Assim, questionam-se as abordagens sobre o sujeito social, visto apenas como categoria. Quer dizer, aponta-se a desconsideração das complexas questões da subjetividade e da heterogeneidade.

Deve-se retomar o contexto geral mundial no chamado pós-Guerra Fria, quando desapareceu ou tornou-se frágil o socialismo real considerado como o "grande dragão da maldade" que ameaçava o mundo capitalista. A luta contra esse dragão deixou de ser um combate para descerrar a "cortina de ferro" (a antiga União Soviética e os países do leste europeu) e a "cortina de bambu" (países socialistas do Extremo Oriente).

Trata-se, agora, de voltar-se para a análise das grandes questões contemporâneas, em que o anterior mundo bipolar passa a ser visto como um mundo com suas grandes e variadas diferenças. Dessa maneira, passa-se a referir-se às diversidades, pluralidades e multiplicidades do mundo. A análise política deixa de colocar ênfase nas estruturas econômicas, discutindo-se intensamente a existência ou não das determinações na construção da realidade, o papel das indeterminações e das diversas forças sociais constitutivas do real. Passa-se a questio-

nar se, efetivamente, as particularidades do mundo guardam alguma articulação entre si.

David Harvey (Harvey, 2001: 174, 189-90) chama o capital atual de *capital fictício*, querendo obviamente dizer, com esse termo, que não se trata de algo fantasioso, fruto da imaginação das pessoas. Comandado pelas instituições financeiras, esse capital consegue realizar o ciclo do lucro através de expectativas sociais. Estas estão ancoradas na crença do crescimento sem fim da riqueza: os fundos mútuos, pensões, grupos de investimento. Essas expectativas precisam ser alimentadas e garantidas, cabendo à mídia e ao Estado esse papel.

Pode-se interpretar que esse *capital fictício* permite, aparentemente, subsumir o capital econômico, até então relacionado com o processo produtivo industrial. Verifica-se, então, que o trabalho e as classes sociais tornam-se categorias de análise embaçadas ou são até deixadas de lado. Ao mesmo tempo, criam-se condições para avultarem-se outras esferas da vida, uma vez que estas perpassam as expectativas sociais. Vimos como estas são fundamentais para a reprodução do capital através de sua metamorfose em *capital fictício*.

Esboçam-se alguns pontos que nos auxiliam a entender a própria produção do pensamento geográfico atual, quando surgem várias vertentes de explicação, algumas delas buscando jogar uma pá de cal na Geografia Crítica.

A Geografia e o pós-moderno

O pós-Guerra Fria e, ao mesmo tempo, a expansão do neoliberalismo têm um correspondente no pensamento contemporâneo, o chamado pensamento pós-moderno. Existe uma grande polêmica sobre esse tema.

Para alguns críticos do pós-moderno, várias características importantes que serviram para se pensar o mundo moderno passaram a ser pejorativamente analisadas como mitos eurocêntricos totalitários. Estes compreendem a racionalidade, a universalidade, o contraponto entre necessidade e contingência, os problemas da relação entre

subjetividade e objetividade, a história como dotada de sentido imanente, a diferença entre natureza e cultura etc. Além disso, a realidade passou a ser considerada em sua fragmentação. É de onde surgiu a ideia de diferença como o núcleo que explica e alimenta a realidade (Chauí, 1999: 27-33).

Para alguns geógrafos, principalmente os da vertente crítica, a aceitação da categoria "pós-modernidade" significa aderir e realizar análises nesta linha. Viram-se, assim, na contingência de negar o pós-moderno como uma realidade concreta posta na contemporaneidade.

David Harvey nos aponta alguns aspectos que auxiliam a situarmo-nos perante a questão da pós-modernidade. Ao se dar conta de que o pós-modernismo é uma forma de compreensão do mundo posta no lugar do capitalismo, Harvey explicou que não estava contestando a validade da ideia de uma pós-modernidade. Encontrou essa noção desenvolvida de diversas maneiras, que procurou entender. Isso não significou render-se a essas abordagens pós-modernas do mundo.

As características desse novo contexto que passaram a ser mais enfatizadas nos anos de 1980 e 1990 derivaram na reatualização da Geografia da Percepção. Esta, bastante discutida e constituindo a base de muitas análises feitas nos Estados Unidos, enfatizava o papel das percepções na apreensão do espaço. Entretanto, essas análises tinham/têm dificuldades em buscar as bases da compreensão do homem como um ser dotado de história, de contradições e mergulhado em sociedades de seres desigualmente inseridos, que interferem inclusive nas percepções dos homens.

A ênfase nas percepções tidas pelos seres humanos a respeito do seu objeto do conhecimento passou a contracenar com a ênfase nas subjetividades, que entraram na pauta das discussões da Geografia a partir dos fins dos anos de 1980. Entretanto, trata-se agora da valorização do ser humano como sujeito dotado de uma história contextualizada e complexa, cujas trajetórias existenciais não podem ser engessadas nas determinações implacáveis das estruturas da sociedade. Essas são algumas das premissas da chamada Geografia Humanista.

Na Europa, desde os anos de 1970 e, no Brasil, em especial a partir dos anos de 1990, são feitas análises nas ciências humanas em geral, procurando-se abordar aspectos singulares da realidade. São estudados os vários hábitos sociais, as maneiras de se morar, os costumes cotidianos, as religiões, as questões sanitárias e de saúde pública. Enfim, surge uma variedade de temas buscando não permanecer nas grandes análises estruturais econômicas.

A Geografia também passou a fazer uma trajetória analítica semelhante, com as discussões no sentido de entenderem-se as peculiaridades. Assim como nas ciências humanas em geral e na Geografia em particular, põem-se, agora, questões como: será que essas particularidades e singularidades, por si mesmas, são dotadas de sentido? De que maneira elas compõem a realidade em sua multiplicidade? Elas estão ou não articuladas em um todo, estruturadas ou não em uma explicação do geral que aloje o(s) particular(es)? Será que essa explicação geral, a abordagem do todo, não acaba, por sua vez, tirando o sentido das peculiaridades? São questões difíceis, mas é necessário pontuá-las para entender as diversas análises feitas na atualidade.

É que se desintegraram as grandes análises estruturais construídas pelas interpretações marxistas dos anos de 1970. O que hoje acontece é uma infinidade de descrições de situações singulares e empíricas. Entretanto, cabe, agora, procurar a maneira de dar sentido a essas situações singulares, ultrapassando os limites tanto dessa abordagem como das análises estruturais anteriores (Topalov, 1988: 22-3).

Considera-se que houve um embaralhamento das categorias de análise, com o fim do mundo bipolar resultante do fim do socialismo real nos fins dos anos de 1980. Do ponto de vista político e econômico, o mundo tornou-se unipolar, com a presença praticamente total do capitalismo no mundo. Os seus interesses passaram a ser encarados como "as regras" do mundo. Estas constituem o chamado "pensamento único"

É passível de questionamento, então, a denominação de mundo multipolar. A multipolaridade é aparente, pois vários focos de um mesmo polo, o capitalista, emergiram com força, acentuando o que antes denominavam-se disputas interimperialistas.

Além disso, o foco da unicidade do capitalismo foi deslocado com a eclosão das diferenças e da busca das identidades dos povos, através das quais o mundo passa a ser visto.

Alguns apontamentos para uma análise geográfica da pós-modernidade

As identidades e diferenças ganham destaque no mundo, que passa a ser considerado, então, plural. Trata-se, em especial, do pluralismo cultural, chamado por muitos de multiculturalismo. Sendo uma tendência analítica atual, a Geografia também a tem expressado, chegando mesmo a colocá-la como base dos chamados Parâmetros Curriculares Nacionais (PCNs) que, como todos sabem, são o grande programa/projeto curricular em âmbito nacional para os Ensinos Fundamental e Médio.

Busca-se, então, esboçar alguns elementos para pensar a pós-modernidade no âmbito da Geografia, pois ela entra no universo dos conteúdos geográficos.

Como analisar o multiculturalismo, as identidades e as diferenças? Trata-se de voltar as costas para essas análises ou de encará-las criticamente? Boaventura de Sousa Santos (Santos, 2006: A3) é incisivo na sua afirmação de que "só quem pertence à raça dominante tem o direito (e a arrogância) de dizer que a raça não existe ou que a identidade étnica é uma invenção".

Como a Geografia incorpora essas análises? Devemos reter os esclarecimentos de Henry Giroux (Giroux, 1999: 200), explicitando-nos as diversas maneiras de ser tratada a questão das diferenças, seja sob uma perspectiva conservadora, liberal ou radical, conforme já nos referimos anteriormente.

Denis Cosgrove (Cosgrove, 2003: 104-5) considera que a tradição humanista dentro do materialismo histórico nos remete à importância da Geografia Cultural. Isso porque, nos termos do autor,

há uma tendência na Geografia Radical (ou Crítica) de as análises reduzirem-se ao âmbito econômico. Entretanto, diferentemente de vários geógrafos culturais, Cosgrove esclarece que o marxismo e a geografia cultural se opõem a qualquer forma de determinismo ou a uma explicação da causalidade de maneira linear, afirmando a primazia histórica para caracterizar a relação entre seres humanos e natureza.

Vemos, portanto, defensores da Geografia Cultural Radical (ou Crítica) cujos pressupostos teóricos parecem próximos dos de alguns pensadores da Pedagogia Radical (ou Crítica).

Peter McLaren (McLaren, 1997: 60-95), um dos expoentes da Pedagogia Radical, redesenha as novas tendências tomadas pelo multiculturalismo no mundo pós-moderno. Vale a pena deter-se em suas análises.

Primeiramente, McLaren alerta que tanto o multiculturalismo como o pós-modernismo podem aparecer como uma nova narrativa eurocêntrica, se as abordagens permanecerem na superfície da realidade, sem aprofundá-la. Podem conduzir à aceitação de que a história humana, como construção, está acabada.

Tais abordagens destacam a indissociabilidade entre língua, poder e subjetividade, realçando a significação e representação que acabam filtrando a constituição de um conceito de política. Esta é uma tendência chamada por McLaren de "pós-modernismo lúdico". Limitada em suas potencialidades de análise e impulsionada por uma formidável capacidade de combinação dos signos e dos significados, essa tendência toma a realidade como um jogo lúdico entre os significantes e entre as diferenças heterogêneas.

Ao "pós-modernismo lúdico" o autor contrapõe outra tendência, a "teoria crítica radical", o "pós-modernismo radical", o "pós-modernismo crítico", o "pós-modernismo de resistência". É importante lembrar que, nas análises da pós-modernidade, há uma ênfase nas linguagens e nas subjetividades, porém a teoria crítica radical não está baseada somente em uma teoria textual das diferenças. A teoria crítica radical traz uma forma materialista de intervir na realidade, uma vez que é uma teoria social e histórica.

Essa tendência leva em consideração tanto os aspectos macropolíticos e estruturais como as manifestações micropolíticas, quando se analisam as diferentes e contraditórias opressões, articuladas às relações globais de opressão.

Por esses motivos, McLaren propõe que as pedagogias baseadas no "pós-modernismo de resistência" busquem desenvolver os trabalhos culturais assumindo a questão das diferenças sem repetir os centrismos – anglocentrismo, eurocentrismo, afrocentrismo, androcentrismo, falocentrismo etc. Pelo contrário, esses trabalhos culturais precisam constituir uma trajetória, visando construir uma política de alianças e de solidariedade, ultrapassando as posturas condescendentes, como, por exemplo, a contida na "semana das raças".

A Pedagogia Radical tem contribuições a dar para o ensino da Geografia. Daí por que expor algumas sugestões em uma perspectiva bastante ampla, independentemente da temática em desenvolvimento.

Em primeiro lugar, ao deparar-se com uma problemática das diferenças, ela precisa ser vinculada a uma política mais ampla voltada para tornar as escolas em espaços públicos democráticos.

Em segundo lugar, devem ser colocadas à disposição dos alunos análises sistemáticas de como a sociedade dominante forja terror, desigualdade e exclusões forçadas. É importante que lhes sejam apresentadas condições de transpor os limites culturais, que lhes seja dada voz, uma vez que eles têm sido sistematicamente silenciados e excluídos. Daí serem importantes as narrativas, as linguagens e as experiências que proporcionam um recurso para se repensar o relacionamento entre o centro e as margens do poder, assim como entre eles próprios e os outros. É uma *política de rememoração* que pode permitir a construção de uma nova cultura, de uma nova identidade.

Nesse sentido, citam-se as conclusões da pesquisadora Ana Shitara, preocupada com os processos cognitivos relacionados à alfabetização e letramento e com a literatura presente nas leituras dos alunos de escolas públicas de São Paulo. Esses alunos, mais do que a leitura, carecem de espaços que lhes permitam ser ouvidos, falar e argumentar.

Trata-se de suas linguagens, de suas narrativas e de suas relações que lhes permitem rememorar suas identidades (Shitara, 2007).

Em terceiro lugar, quando confluem várias linguagens, experiências e vozes, verificam-se as várias ideologias justapostas e contraditórias. Em uma perspectiva multicêntrica, elas precisam ser analisadas como diferenças existentes dentro dos grupos e entre os vários grupos. Essas análises podem contribuir para que o potencial da vida humana e da democracia seja visto em suas imensas possibilidades.

Em quarto lugar, deve-se desenvolver uma compreensão e assumir uma prática a respeito da questão do poder. Este precisa ser visto em seu caráter dual. De um lado, é fundamental que a perspectiva da dominação histórica e socialmente construída permita aos alunos compreenderem os efeitos do poder. De outro lado, devemos compreender claramente os vínculos entre poder e autoridade, a fim de construir uma base pedagógica para interpretar criticamente uma determinada problemática.

Não se trata apenas de os alunos experimentarem ou realizarem os diversos discursos, e de estes serem tão-somente uma proliferação de discursos fundamentados em experiências pessoais distintas. Os professores devem assumir a responsabilidade pelo conhecimento posto em movimento na prática escolar como críticos sociais e intelectuais comprometidos. Essas considerações foram feitas, pois, em geral, os professores terminam colocando-se "atrás das cortinas", em nome da audiência dos alunos reproduzida acriticamente.

Em quinto lugar, é importante que se veja a importância de os alunos apropriarem-se da linguagem em um mundo no qual as representações ocupam um papel fundamental. Porém, é importante que, ao desenvolver esse trabalho, ele seja feito de modo a proporcionar aos alunos a oportunidade de realizar leituras dos textos como produção social e histórica.

Isso significa a importância de que, ao aprenderem como escrever suas narrativas, os alunos aprendam a questionar a situação

colocada. Por outro lado, os alunos devem resistir a tão-somente fazer interpretações particulares e, digamos, "furiosas". É importante eles desenvolverem um ceticismo saudável para com os discursos de autoridades. Mas, também, é importante eles reconhecerem a possibilidade da transformação da própria autoridade e do poder, que pode voltar-se para a criação de uma sociedade democrática.

Em sexto lugar, trata-se da importância de encararmos a aprendizagem e o comportamento fora dos limites estritos da racionalidade e da razão. Deve-se considerar seriamente a maneira como as ideologias são vividas e sentidas no cotidiano pelos alunos, servindo de base para a sua experiência e conhecimento. Segundo Giroux, essa perspectiva remete à necessidade de uma reestruturação do currículo para uma redefinição do cotidiano. Esta é importante para que os alunos desenvolvam uma sensação de voz e relacionamento com os outros e, ao mesmo tempo, possam articular a escola às comunidades e às histórias.

Em sintonia com essas formulações feitas em outras áreas do conhecimento, pode-se colocar a expectativa de uma produção geográfica que percorra uma trajetória na linha das reflexões de Peter McLaren e Henry Giroux, já que a Geografia também adentra na linha de abordagem do cotidiano.

O cotidiano e a abordagem geográfica

Atualmente, dada a existência de uma diversidade de métodos, interesses e características dos analistas, não se pode querer a unificação de paradigmas. É um quadro resultante da diversificação e abertura das linhas de pesquisa. Ao mesmo tempo, a cultura da esquerda fragmentou-se (Anderson, 2001: 35).

Uma das diversas linhas de pesquisa compreende a abordagem do cotidiano, colocando-se como uma dentre as várias abordagens possíveis de serem desenvolvidas no ensino de Geografia.

As questões sobre o cotidiano têm sido abordadas nas discussões teóricas da Geografia no Brasil, desde os anos de 1980 e em especial nos anos de 1990. Isso tem acontecido não só na Geografia, mas também

nas ciências humanas em geral, parecendo-nos que os teóricos têm caminhado interdisciplinarmente para reflexões convergentes.

Henri Lefebvre (Lefebvre, 1991: 208) faz advertências a respeito de um equívoco, esclarecendo que Marx nunca colocou o econômico como determinante ou determinismo. Trata-se de ver que, no capitalismo como modo de produção, o predomínio do econômico torna este o responsável pelas maneiras como a sociedade (capitalista) continua a se constituir. Porém, Lefebvre acrescenta que esse papel, atualmente, é desempenhado pela cotidianidade. Daí por que nos cabe realizar uma crítica do cotidiano, dada a sua força na reprodução social.

Lembramos Amélia Damiani (Damiani, 1999: 61-2), para quem as necessidades de o capital reproduzir a si mesmo e continuar crescendo fazem com que as relações sociais se reproduzam fora do local de trabalho e em outros momentos da vida dos homens. Isto é, as necessidades do capital levam a reproduzir a sociedade. É uma das maneiras de a autora referir-se ao cotidiano.

Colocando-se as análises deste texto em termos bastante genéricos, dissemos que, para muitos geógrafos, a Geografia Crítica tem privilegiado ou mesmo se restringindo ao econômico para a explicação da realidade. Não se trata de refutar ou afirmar essa forma de analisar, mas de ver a sua pertinência ou não. Trata-se de identificar sua preponderância ou não, segundo o contexto que se apresenta. A análise de Henri Lefebvre acrescenta elementos que apontam as possibilidades de se fazer análises a respeito do cotidiano, dentro de uma abordagem da Geografia Crítica.

O cotidiano sob a análise da Geografia Crítica

É no cotidiano que vivemos o político, encarado como relações de poder expressando-se a todo instante, haja vista as situações concretas resultantes das decisões advindas das instâncias de decisão.

Buscando exemplos que possam esclarecer, é possível verificar a materialidade dessas relações. Ela é visível na opção preferencial pela construção de grandes ou vistosas avenidas/ruas de circulação de

veículos automotores pelos bairros de moradia das classes abastadas da cidade. Por vezes, essas opções preferenciais acabam indo na contracorrente das necessidades do serviço urbano de circulação e transporte existente em bairros onde moram os mais pobres.

Criam-se, assim, situações que implicam um cotidiano diferenciado para os diferentes segmentos sociais, quanto às suas possibilidades de locomoção, de organização e utilização do seu tempo, de uma qualidade de vida digna e assim por diante. É um cotidiano que, nesse sentido, define-se politicamente.

Não precisamos realçar a condição cotidiana do social, aqui tomado enquanto relações estabelecidas entre sujeitos sociais integrantes de uma coletividade. Dentre as relações sociais, as de classe, gênero, etárias, étnicas, por exemplo, emergem dia a dia nas múltiplas manifestações. Muitas delas, ao expressarem a opressão, a subordinação, o conformismo, a resistência, a luta, estão expressando também relações políticas.

Não é no plano do cotidiano que os preconceitos geram discriminações étnico-raciais? Não é no plano do cotidiano que se engendram as formas de exploração dos trabalhadores e de eles pautarem suas posições? Não é no plano do cotidiano que se verificam as formas de opressão e violência contra as mulheres, tanto nas suas relações familiares como nas relações de trabalho?

Quanto ao econômico, entende-se que ele está presente nas situações que foram colocadas como exemplo. Parece-nos que, em uma sociedade capitalista, a centralidade da mercadoria e a extração do excedente dá ao econômico dimensão avantajada. Reafirmam-se essas análises ancoradas nos termos colocados por Lefebvre, o que não significa afirmar que o econômico é unívoco em relação a outros aspectos do cotidiano.

Na verdade, é preciso salientar que o que se torna importante é estar sempre atento à situação concreta colocada em análise, para verificar a preponderância deste ou daquele aspecto. Pode-se, assim, entender a maneira como uma determinada situação configura-se,

caracteriza-se e repercute nos locais próximos e distantes. As forças dessa situação, sendo incorporadas pela realidade concreta, fazem com que esta também passe por transformações.

O político, o social e o econômico estão, assim, intimamente imbricados no cotidiano. Não se quer dizer que essa tessitura esteja uniformemente urdida em todas as situações, porém entendemos a proeminência às vezes de um, às vezes de outro.

Se separamos o político, o social e o econômico para fins analíticos e expositivos, é preciso ter a compreensão de suas articulações. Considera-se que a análise do cotidiano é uma análise ampliada, abrangendo o político, o social e o econômico, que não se excluem como fatores explicativos.

Essas formas de analisar ganham sentido na medida em que elas focalizam a maneira como o homem está vivendo concretamente os dias atuais, de tal maneira que ele concentra todas as energias psíquicas na consciência imediata. Ele o faz como anteparo aos choques da vida cotidiana, e isso acaba empobrecendo outros aspectos da existência como a memória (Carlos, 1996: 63).

Retomemos, agora, aqueles três gráficos apresentados, a respeito das diferenças entre brancos e negros no Brasil no que diz respeito ao salário, à escolaridade e às condições sanitárias de suas casas. Esses aspectos compreendem situações concretas de ordem econômica, política e social. Eles serão fundamentais como estratégias para o professor esclarecer o cotidiano, unindo as condições subjetivas e as condições objetivas de um determinado contexto.

Daí a importância de o professor buscar sempre no quadro de vida dos alunos o aspecto que o caracteriza, cuja articulação a uma realidade mais ampla deve ser procurada. Dessa maneira, evidencia-se como o contexto local se embebe de um todo, no qual se entrelaçam diferentemente as instâncias políticas, sociais e econômicas.

Essas instâncias constituem um modo de vida cujo estudo, na verdade, tem sua razão de ser não exatamente na distinção

desses aspectos parciais da realidade. A razão desses estudos está, principalmente, no conhecimento e na reflexão sobre as condições em que os homens concretos se colocam nessa realidade. Quer dizer, o político, o social e o econômico devem ser decifrados quando se busca no cotidiano, na realidade vivida pelos alunos, os enunciados propostos para esclarecer.

Um ensino de Geografia que busca fazer tais esclarecimentos, considerando o cotidiano como reprodução social, realiza a crítica sobre esse cotidiano. Porém, esse ensino pode ir além da crítica, esclarecendo o cotidiano como o lugar em que se constroem as contracorrentes aos projetos de dominação, que estão alojadas em meio à reprodução social.

É nessa perspectiva que o estudo dos movimentos sociais da própria localidade ou de outros locais integra o ensino de Geografia, uma vez que eles são construídos e vividos cotidianamente pelos seus atores sociais. São vozes que manifestam vontades diferentes em relação ao enquadramento feito por uma sociedade. O que elas querem expressar?

O professor de Geografia que busca mediar o diálogo dos alunos com a realidade pode ajudá-los a compreender o significado dos movimentos sociais. Eles podem significar contestação para um lado e luta para outro lado, se se considerarem a sociedade organizada como um todo e os atores sociais desses movimentos.

Quer dizer, novamente considera-se que o foco da questão é: não se deve descartar as representações ideológicas do mundo, mas, também, não se deve permanecer na demarcação de suas fronteiras e realizar uma "perseguição às bruxas". As falas dos alunos servem como indicativos de aprendizagem que não desprezem e descartem as suas suposições ideológicas. Estas devem ser levadas em conta nos contextos nos quais acontecem; devem estar presentes nas explicações que visam discutir os paradoxos com que a realidade se coloca.

Um saber novo, mas sempre provisório

Provisórios e inconclusos

Quando se coloca o foco nos alunos e professores como sujeitos pedagógicos, é possível observá-los em um fazer-pensar, que é um processo. É essa mesma consideração que se faz quando se refere ao ponto de chegada com a realização do movimento da prática e da teoria.

Vimos que o homem, sujeito e objeto da realidade, desenvolve-se subjetivamente. Paulo Freire esclarece que é uma subjetividade entre os seres que, inacabados, tornaram-se capazes de saber que são inacabados. É uma subjetividade entre aqueles que se tornaram aptos a ir mais além da determinação, superando-a. Dessa maneira, a determinação fica reduzida a condicionamento. Os homens que se assumem como objeto, porque são condicionados, podem arriscar-se como sujeitos, porque não são determinados (Freire, 2000: 57).

A incompletude à qual ele se refere como inerente aos seres humanos faz parte de nossa condição de sujeito e objeto da realidade. Somos também provisórios, assim como o é o conhecimento que

produzimos, assim como são os conceitos elaborados sobre os mais diferentes objetos que buscamos entender.

Os conceitos não são representações individualizadas e isoladas umas das outras. Também não se apresentam bem definidos, podem confundir-se uns com outros. Os conceitos perpassam-se entre si, às vezes recobrem-se, às vezes um está compreendido no outro. Os mesmos conceitos apresentam aspectos diferentes conforme o ponto de vista considerado.

Quando vistos em sua perspectiva histórica, os conceitos transformam-se contínua e permanentemente, quando vistos como produção coletiva tanto do conhecimento humano em geral como da cultura. Assim, também, transformam-se na perspectiva histórica relativa ao curso da vida e em diferentes fases da vida das pessoas. Quer dizer, os conceitos se manifestam como evolução, transformação e criação de novos conceitos.

Portanto, os conceitos não existem como elementos estáticos, mas como um conjunto intimamente entrelaçado e dotado de um dinamismo ininterrupto. É esse mesmo dinamismo que, no entanto, transforma constantemente aquele entrelaçamento (Prado Jr., 1980: 77).

É assim que as pessoas, enquanto integrantes de uma coletividade que nela interagem uns com outros, vão construindo os conceitos no decurso de suas atividades e de suas experiências pessoais. Daí esse conceito ser também provisório.

O professor e aluno no trabalho provisório e inconcluso

No ensinar-aprender, o professor aprende em um movimento que é incessante. Ora ele desenvolve determinados aspectos que se desdobram em uma temática em curso, ora, logo adiante, ele encontra outro viés, que passa a ser-lhe mais significativo. Busca recuperar o sentido que por vezes lhe escapa nos atalhos dos procedimentos que vão desencadeando-se.

No fazer-pensar, o aluno coloca-se como ser inconcluso que é e, em seu vir a ser, ele vai se (re)fazendo. Seus conceitos, inicialmente desencadeados pelas percepções e identificações, vão ganhando

atributos. Estes se acrescentam e surpreendem quando os descobrimos em sua contraditoriedade.

Busca-se, assim, que as crianças cresçam exercitando a sua capacidade de pensar, de indagarem-se sobre si mesmas e de indagar, duvidar, experimentar hipóteses sobre a realidade que as cerca, de programar situações futuras (Freire, 2000: 58).

Essas afirmações pecam por serem demasiadamente teóricas? Será que elas encontram eco em uma realidade concreta que as referende?

Ainda que um plano de curso tenha sido cuidadosamente traçado, podem advir, ao longo de sua concretização, outros dados que podem ser descobertos como construtores da essencialidade do tema.

Professores-pesquisadores que somos, estamos em situação de reflexão e experimentação acerca dos acertos e equívocos, acerca do fazer provisório que pode ter-se revelado aquém do que esperávamos. Essas reflexões e experimentações podem levar-nos a verificar se fomos responsáveis por uma eventual pouca relevância de uma situação que está sendo discutida, mostrando alguns aspectos não satisfatórios nas pré-condições de aprendizagem.

São essas mesmas reflexões que nos levam a verificar se as práticas de propostas de trabalho, eventualmente pouco instigantes, estão vinculadas aos problemas de concepção. É possível identificar, também, a interferência de fatores externos à produção do conhecimento, tais como as condições estruturais da escola, as condições subjetivas ou objetivas pessoais que emergem tanto em alunos como em professores.

Todos esses aspectos são objeto de uma educação permanente, que é a própria tradução do ponto de chegada provisório do conhecimento. Se não fosse assim, para que serviria a educação continuada que estamos sempre desenvolvendo?

Alguns pontos de pauta da provisoriedade e inconclusão

A possibilidade de se (re)fazer, própria do sujeito pedagógico, contém a busca pela construção do(s) sentido(s) de um determinado tema, de um determinado plano de aula.

    Fazemos ao longo do ensinar-aprender algumas descobertas e, para identificá-las, podemos nortear-nos por pontos como:

> • O anterior saber geográfico do aluno adquiriu novos significados?
> • Com estes novos significados, quais sentidos o aluno pode construir para si e para o mundo?
> • Como esses sentidos se relacionam com a prática social dos alunos?

    Foram feitas algumas considerações sobre essas questões retomando a pesquisa desenvolvida sobre os conceitos de "cidade" e "campo", entre os alunos mineiros das 4as séries do Ensino Fundamental. Sinteticamente é possível afirmar que o saber geográfico apresentado expressa aqueles conceitos a partir de algumas condições na vida dos alunos, inclusive condições postas pela aprendizagem escolar.

    Acrescentam-se, agora, outros dados obtidos na pesquisa a partir da observação de uma ilustração bastante conhecida. Ela mostra seis situações que representam as transformações do espaço, desde a natureza não transformada até a transformação em uma grande metrópole (Anexo 12).

    O item da pesquisa pediu aos alunos para escolherem em qual dessas seis situações gostariam de morar. As respostas estão sintetizadas na tabela do Anexo 13.

    Treze por cento dos alunos escolheram para moradia o espaço natural. Os que não fizeram essa escolha referem-se à natureza como um local para o lazer, porém a falta de infraestrutura não é favorável à moradia. Dezesseis por cento dos alunos mostraram preferência pela grande metrópole, por causa das oportunidades que ela potencialmente oferece como acesso à saúde, educação, ao trabalho, à cultura, ao lazer etc. Referimo-nos às duas situações extremas que julgamos frequentemente habitar as preferências das pessoas na atualidade.

Contudo, a grande maioria dos alunos escolheu a aldeia rural (26%) e a cidade pequena (25%), mostrando, talvez, uma expectativa tendencial do imaginário atual: os argumentos apresentados podem ser sintetizados como a busca da qualidade de vida. Em suas percepções, as localidades simples são mais tranquilas. A cidade pequena apresenta os benefícios de uma vida próxima da natureza, juntamente com as oportunidades próprias da vida urbana, como o acesso ao tratamento da saúde, uma escolarização mais adequada etc.

Os alunos de Belo Horizonte, quaisquer que sejam o seu contexto e as condições locais das suas escolas, escolheram a pequena cidade ou a aldeia rural. Mostraram preferência por um lugar bastante diferente daquele onde eles moram, sendo significativo que não tivessem escolhido a grande metrópole.

Dentre os alunos das zonas rurais, os de Iturama (turma 7) mostram sua preferência pelo próprio contexto (57%). Tratou-se do único caso em que os alunos escolheram, na sua maioria, o próprio local de moradia. Sendo, em geral, integrantes de famílias que trabalham na pecuária e na pequena agricultura, esses alunos evidenciavam de maneira bastante nítida uma grande disposição e satisfação durante o desenvolvimento da pesquisa. Em geral, seus trabalhos denotam uma expressividade substancial, tanto na "carpintaria" das ilustrações como na percepção aguda dos detalhes da paisagem representada.

Porém, os alunos da outra zona rural da pesquisa, os moradores do bairro rural de Virginópolis, fizeram uma escolha diferente da dos alunos rurais de Iturama. Eles preferem um espaço natural ou a cidade pequena. Também é muito instigante dar-se conta de que os alunos moradores da favela, tanto da cidade grande (turma 2) como da cidade pequena (turma 9), mostram suas preferências pela zona urbana, porém não a da grande cidade.

Pode-se dizer que muitos desses alunos são migrantes em potencial. O que esse dado tem a acrescentar para entendermos nosso tema?

Entende-se que o anterior saber geográfico expresso pelos alunos pode acrescentar-se de novos significados. É o que pode acontecer se, em quadro como esse, discutirmos as migrações populacionais.

Soares Dulci (Dulci, 1999: 72), informa que as migrações mineiras estão relacionadas ao mercado de trabalho e à crise da economia mineira. Ele nos apresenta uma tabela bastante instigadora, apontando um saldo migratório negativo de Minas Gerais entre 1950 e 1980.

Quando os alunos referem-se à busca de melhores oportunidades, escolas, saúde, eles estão, à sua maneira, falando da mesma questão contida nas migrações mostradas pela tabela a qual nos referimos. Significa, para alguns casos, que muitos deles poderão permanecer apenas no desejo, uma vez que encontrarão dificuldades para realizar seu intento. As pessoas despossuídas potencializam sua despossessão, principalmente no âmbito da prática cultural, chegando, dessa maneira, ao desejo de migrar (Bourdieu, 1996: 166).

Ao se apontar os significados dos movimentos migratórios, veio à tona a possibilidade de ver o sentido que a vida das pessoas pode adquirir quando migram. Acontecem ou não mudanças na vida das pessoas quando elas migram? Quantas respostas podem advir dessa pergunta?

Se o professor utilizar exemplos variados que evidenciem o sentido existencial, tanto da permanência como da mudança espacial das pessoas, ele pode concretamente lançar alguns elementos que possibilitem aos alunos construírem para si um sentido do agora e do porvir.

Ou seja, com os novos significados do saber geográfico que os alunos ganham, eles podem construir sentidos para si e para o mundo, eles podem ver-se como sujeitos na prática social decorrente da permanência ou da mudança espacial. Estas, certamente, não são um ato incondicionado, porém as pessoas que se fizeram aptas a ir além da determinação minimizam-na esta a uma situação de condicionamento. Isto é, arriscam-se como sujeitos.

Essas análises não significam apologia ou desaprovação da migração, assim como também não afirmam o reino do livre-arbítrio. O desejo é que os alunos se construam como seres nos mais diversos âmbitos de sua existência.

Este é um caminho rumo à autonomia. Esta é condição importante para a (re)construção social e coletiva, na qual os projetos dos despossuídos possam ser traçados e concretizados pelo seu poder de decidir e realizar. Estar de posse dos esclarecimentos sobre as necessidades e as contingências de sua existência individual e coletiva ajuda-os a arriscarem-se como sujeitos.

Como dito anteriormente, os conceitos transformam-se tanto nas pessoas quanto na própria história do conhecimento. Nesse sentido, será que seria possível, décadas atrás, referir-se ao conceito de migração, com os mesmos componentes da atualidade? Hoje, trata-se dos intensos deslocamentos legais ou clandestinos das pessoas em direção aos países do Primeiro Mundo. Sabe-se do seu rumo oposto ao das migrações do século XIX e da primeira metade do século XX. Serão as atuais migrações ditadas pelas necessidades culturais ou econômicas? Ou as duas?

É importante reiterar que, no interior do movimento do conceito, o conhecimento realizou-se nas condições de incompletude e provisoriedade. Pensa-se assim quando da discussão da Geografia e de suas maneiras de abordar a realidade.

Trata-se de privilegiar o cultural ou o econômico como fator explicativo dessa nova espacialidade em curso com as migrações atuais? Ou trata-se de buscar o movimento e a teia de relações, que parecem constituir a realidade? É importante ter em mente uma Geografia que é, assim como o conhecimento, inconclusa, provisória e incompleta.

O fazer-pensar, em sua provisoriedade, precisa ser visto também como realização da apropriação do conhecimento. Surge então a seguinte pergunta: até onde e de que maneira realizou-se a aprendizagem que levou a esse conhecimento, a esse fazer-pensar em desenvolvimento?

É por causa dessas considerações que repetimos a pergunta: o que, até onde e de que maneira aconteceu a aprendizagem que se expressa nesse conhecimento adquirido?

Daí por que precisamos realizar uma discussão sobre a avaliação da aprendizagem dos alunos.

Avaliação

A avaliação continua sendo um assunto cuja discussão, apesar de incômoda, é indispensável. A avaliação deve ser diagnóstica e processual: eis uma frase que, de tão usada, parece gasta. No entanto, ela conserva seu potencial orientador.

A avaliação é um dos aspectos do trabalho docente nos quais mais se interpõem as condições objetivas do trabalho do professor. É imperioso lembrar sua carga horária em salas de aulas e em trabalhos complementares, o número de alunos que integram suas turmas etc. Enfim, põe-se a força dos vários condicionantes de uma avaliação construtiva.

A realização da avaliação pode ser justificada por exigências do sistema educacional. Porém, é possível vê-la pela possibilidade de o professor fazer um diagnóstico de seu ensinar-aprender, de os alunos poderem situar-se em seu fazer-pensar.

Não iremos nos ater aos aspectos traumáticos, penalizadores e arbitrários da avaliação, bastando apenas lembrar o quanto a avaliação pode ser (e tem sido) autoritária, e há uma vasta literatura no campo educacional a esse respeito.

A discussão da avaliação como instrumento básico para estabelecer-se (ou não) a promoção ou a retenção do aluno no ano letivo que está cursando é, também, uma outra discussão. Esta, além de acalorada, contém muitas implicações complexas e importantes na atualidade das escolas brasileiras. Isso porque, além de conviver com os problemas da aprendizagem em geral, a avaliação acaba sendo vinculada aos sistemas de ensino que organizam a continuidade da escolarização com a chamada progressão continuada.

Na chamada progressão continuada, a avaliação da aprendizagem e do aluno não foi eliminada, mas, com a mudança de seu papel na aprovação/retenção do aluno, ficou banalizada.

Apesar da importância desse quadro, que merece um maior aprofundamento, a avaliação será analisada do ponto de vista do ensinar-aprender e do fazer-pensar, uma vez que estes têm sido o fio condutor deste livro. Essa perspectiva da avaliação pode comparecer inclusive nos sistemas de ensino que estão organizados sob a forma de progressão continuada.

A avaliação pode também constituir-se em um momento de aprendizagem, apesar de que, nas condições atuais em que se desenvolve o trabalho docente no Brasil, a avaliação ainda tem na chamada "prova" o seu principal instrumento. Tantos e tais têm sido os estigmas da "prova" que quem afirma aplicá-la é considerado um professor ultrapassado, conservador, autoritário, contrário ao construtivismo etc.

Ocorre algumas vezes que, em nome de um ensinar-aprender como prática progressista, construtora do conhecimento e do crescimento do aluno enquanto pessoa, muitos professores acabam substituindo a prova por uma aparente atividade didática aberta, livre e, por isso mesmo, considerada construtiva. Às vezes é solicitado um trabalho escrito a título de pesquisa, que muitos alunos realizam imprimindo da internet...

No entanto, a própria prova pode ser realmente aberta, livre e construtiva.

Iremos basear-nos no livro de Ronca e Terzi, *A prova operatória*, lançado em 1991. Naquele ano, quando tomamos conhecimento dessa obra, ela era uma publicação que nos lembrava uma brochura. Passados todos esses anos, tornou-se um livro de grande circulação, estando em sua 15ª edição.

Os autores consideram que a aula operatória, instigadora do desenvolvimento da aprendizagem do aluno, operando o fazer-pensar, é pressuposto indispensável para a prova operatória. Eles consideram que, sem dúvida, é importante o aluno aprender o conteúdo e

memorizá-lo, porém, isso será importante "desde que o conteúdo aprendido e memorizado sirva de estrutura, de ponte, de alça para o pensar" (p. 20).

A prova precisa ser dotada de vários atributos para ser operatória. Resumiremos as principais características dadas pelos autores, pois considera-se esta obra uma grande contribuição para pensar sobre as avaliações existentes no ensino em geral e também no de Geografia.

Quais seriam esses atributos?

- A prova operatória e a relação coloquial: o tratamento coloquial na formulação da questão ajuda a mobilizar o aluno, que se vê convidado ativamente a uma "conversa".

- A prova operatória e a relação aluno-mundo: a condição básica da proposta é o aluno compreender o mundo, devendo partir de um questionamento econômico-político-social, uma vez que sua temática é a existência humana.

- A prova operatória e a relação com o ler: rompendo com a clássica forma de perguntas e respostas, com a aceitação somente do certo e errado, do falso e verdadeiro, a prova operatória coloca um texto introdutório de onde surge e torna-se evidente o problema, que deve referir-se a um conteúdo realmente tratado durante as aulas. Ela busca orientar o aluno passo a passo para responder, deixando sempre claros os objetivos da questão, com problemas formulados por uma ou mais "palavras operatórias" indicando a habilidade que se quer observar, como: analise, classifique, compare, critique, imagine, levante hipótese, interprete, escreva, reescreva, localize, comente etc., convidando o aluno a pensar.

- A prova operatória e a relação com o escrever: comenta-se com frequência que os alunos de hoje não sabem escrever, porém, em vez de permanecermos na condenação das vítimas e na procura dos culpados, trata-se de buscarmos atender a uma necessidade premente da atualidade. Ao restaurar a relação com o ler, a prova operatória restaura também a relação com o escrever, considerando que, de modo geral, aprende-se a escrever escrevendo (e lendo). Os autores sugerem uma estratégia de fazer a prova em folha de papel almaço ou em uma folha contendo um espaço o suficiente para revelar-se concretamente a expectativa de que o aluno venha a se expressar pela escrita. Trata-se de criar condições para a "ação interna do pensamento e possibilidade aberta ao movimento externo da escrita" (p. 28).

Buscando concretizar as condições anteriormente citadas, retomamos aquela questão da avaliação feita pelo Sistema Mineiro de Avaliação Educacional (SIMAVE) 2001-2002 apresentada neste livro, a respeito das diferentes situações da população negra e população branca quanto à água encanada, o salário médio e os anos de escolaridade. Apresentamos agora as alternativas de múltipla escolha que acompanham os três gráficos:

Verificando os dados apresentados nos gráficos, podemos afirmar que:

> → os números mostram uma forma disfarçada de discriminação.
> → a diferença acabou acontecendo por causa das disputas pelo mercado de trabalho.
> → considerando somente a população branca, o desenvolvimento social do Brasil seria menor.
> → a partir do processo de abolição, o governo brasileiro conseguiu garantir uma sociedade racialmente justa.

Não iremos tecer comentários sobre as alternativas de múltipla escolha colocadas nessa questão. Isso porque o que nos interessa é comentar as ricas possibilidades dos conteúdos presentes nos gráficos, suscitando situações didáticas também ricas.

Os alunos de Prática de Ensino de Geografia do IGC/FAE-UFMG realizaram diversos exercícios de transformar essa questão de múltipla escolha em uma questão de prova operatória. Surgiram várias formulações bastante instigadoras e, ao mesmo tempo, elas mostraram os alunos trilhando caminhos diversos.

Um grupo de alunos elaborou para o Ensino Médio a seguinte questão operatória a partir da situação exposta nos três gráficos:

> Embora não oficialmente, a discriminação racial no Brasil está presente no cotidiano das pessoas. Este fato pode ser comprovado através das informações contidas nos três gráficos apresentados. Percebemos nestes a exclusão social dos negros. De acordo com o levantamento do IBGE (1999), apenas 51% da população brasileira declarou-se como negra, o que caracteriza uma negação da identidade negra.

> Atualmente, discute-se a questão da implementação da Lei de Cotas para negros nas universidades públicas. Escreva um pequeno texto explicitando essa política de inserção, colocando os pontos positivos e negativos que você possa ver.

Um outro grupo de alunos elaborou uma questão operatória sobre a mesma situação, porém voltada para as séries intermediárias do Ensino Fundamental:

> A população negra no Brasil sofre uma grande exclusão social. Explique essa afirmação através da observação, análise e comparação dos três gráficos apresentados.

Trata-se, assim, de buscarmos conferir à prova a condição de ser também um momento de aprendizagem. Ao mesmo tempo, continua sendo um instrumento básico de avaliação, na qual "uma questão benfeita é como um trampolim para o salto [...]. Não há salto belo e perfeito sem a ajuda do trampolim" (Ronca e Terzi, 1991: 25).

Palavras finais

Estas palavras finais começam agradecendo àqueles que ajudaram seja revendo o texto, seja fazendo considerações de ordem conceitual. Mas, sobretudo, porque colocaram à disposição o olhar do jovem professor doutor acadêmico: Carmen Lúcia Eiterer e Sérgio Cirino, colegas e amigos, muito obrigada. Agradecimentos também à Renata Pereira da Rocha Araújo, aluna bolsista e auxiliar indispensável, pelo apoio técnico e pela amizade.

Pretende-se pensar a escola pública brasileira do Ensino Básico a partir de um contexto que ela nos mostra e a partir do que entendemos ser as necessidades do país.

Trata-se de uma busca que nos obriga a colocar a relação entre a(s) Geografia(s) que aí está(ão) e o sujeito do conhecimento que com ela(s) pode dialogar. Temos convicção de que o aluno, sujeito pedagógico, se apropriará do conhecimento geográfico quando sentir-se suficientemente cativado pelo esclarecimento e sensibilização que esse conhecimento for capaz de lhe provocar.

Essa é uma virtualidade que entendemos necessária de materializar-se, pois a escola pública é, ainda, um dos espaços para a realização da emancipação humana.

Pode parecer que esse trabalho tem um foco único no desenvolvimento cognitivo, ao passo que o processo de aprendizagem extrapola-o este, pressupondo a socialização e o exercício da cidadania.

Entendemos que essas tarefas educacionais integram o tratamento do ensinar-aprender Geografia, se esse tratamento voltar-se para o fazer-pensar do aluno em sua relação com o mundo buscar a compreensão da dimensão geográfica desse mundo.

Milton Santos (Santos, 1996: 8) nos aponta a necessidade de se construir a Geografia através da cidadania ou, inversamente, que a cidadania esteja atravessando-a. No entanto, ele alerta que uma Geografia engajada previamente, colocada como crítica sem ter cumprido a tarefa de analisar, pode perder-se no *discurso vazio e vadio*. Daí por que devemos colocar à disposição dos alunos aqueles instrumentos analíticos necessários para a interpretação da realidade social.

No entanto, entendemos que é imperioso, porque é mais honesto, termos sempre em mente a escola como uma teia de relações, suas possibilidades e seus limites.

Esse quadro aponta para a necessidade de projetos coletivos para a reorganização da escola. Sabemos da importância de um ambiente educacional mais favorável ao ensino de Geografia.

Muitos alunos dos cursos de Prática de Ensino e professores de Geografia colocam seu desânimo com base na falta de paradigmas maiores de uma construção da sociedade que possa servir-lhes de motor. Afirmam que isso lhes retira o sentido de seu ensinar-aprender. A esse respeito, gostaríamos de citar Boaventura de Sousa Santos (Santos, 2007: A3), o mesmo pensador com quem iniciamos nossas reflexões. Em um artigo de jornal, ele traça algumas alternativas que devem emergir no século XXI:

> Um regime pacífico e democrático assente na complementariedade entre democracia representativa e democracia participativa; legitimidade da diversidade de opiniões [...]; modo de produção menos assente na propriedade estatal dos meios de produção que na associação de produtores; regime misto de propriedade [...]; concorrência por um período prolongado entre

a economia do egoísmo e a economia do altruísmo [...]; sistema que saiba competir com o capitalismo [...]; nova forma de Estado experimental, mais descentralizada e transparente [...]; reconhecimento da interculturalidade e da plurinacionalidade: luta permanente contra a corrupção [...]; promoção da educação, dos conhecimentos (científicos e outros) e do fim das discriminações sexuais, raciais e religiosas como prioridades governativas. Será tal alternativa possível? A questão está em aberto.

Para pensarmos sobre as possibilidades dessas alternativas, encerro este livro citando um trecho de uma palestra proferida por Milton Santos aos professores gaúchos (Santos, 1996: 9):

Seja qual for o momento da história, o mundo se define como um conjunto de possibilidades. Isto é que é o mundo [...]. Estas possibilidades que estão aí boiando sobre nossas cabeças, que formam um universo e que são, um dia ou outro, colhidas por atores que as realizam.

Anexos

Anexo 1

Matemática – Ensino Fundamental, 4ª série – 2001 – Brasil.
Distribuição de alunos nos estágios de construção de competências.

Estágio	Competências/habilidades	População	%
Muito crítico	Não conseguem transpor para uma linguagem matemática específica comandos operacionais elementares compatíveis com a 4ª série (não identificam uma operação de soma ou subtração envolvida no problema ou não sabem o significado geométrico de figuras simples)	462.428	12,5
Crítico	Desenvolvem algumas habilidades elementares de interpretação de problemas aquém das exigidas para a 4ª série (identificam uma operação envolvida no problema e nomeiam figuras geométricas planas mais conhecidas)	1.467.777	39,8
Intermediário	Desenvolvem algumas habilidades de interpretação de problemas, porém insuficientes ao esperado para os alunos da 4ª série (identificam, sem grande precisão, até duas operações e alguns elementos geométricos envolvidos no problema)	1.508.517	40,9
Adequado	Interpretam e sabem resolver problemas de forma competente. Apresentam as habilidades compatíveis com a 4ª série (reconhecem e resolvem operações com números racionais, de soma, subtração, multiplicação e divisão, bem como elementos e características próprias das figuras geométricas planas)	249.969	6,8

Avançado	São alunos maduros. Apresentam habilidades de interpretação de problemas num nível superior ao exigido para a 4ª série (reconhecem, resolvem e sabem transpor para situações novas todas as operações com números racionais envolvidas num problema, bem como elementos e características das figuras geométricas planas)	546	0
Total		3.689.237	100

Fonte: MEC/INEP/DAEB (adap.)

**Distribuição de alunos nos estágios de construção de competências.
Língua Portuguesa – Ensino Fundamental, 8ª série – 2001 – Brasil.**

Estágio	Competências/habilidades	População	%
Muito crítico	Não são bons leitores. Não desenvolveram habilidades de leitura exigíveis para 4ª série	146.040	4,86
Crítico	Ainda não são bons leitores. Apresentam algumas habilidades de leitura, mas aquém das exigidas para a série (textos simples e textos informativos)	602.904	20,08
Intermediário	Desenvolveram algumas habilidades de leitura, porém insuficientes para o nível de letramento da 8ª série (gráficos e tabelas simples, textos narrativos e outros de baixa complexidade)	1.944.369	64,76
Adequado	São leitores competentes. Demonstram habilidades de leitura compatíveis com a 8ª série (textos poéticos de maior complexidade, informativos, com informações pictóricas em tabelas e gráficos)	307.056	10,23
Avançado	São leitores maduros. Apresentam habilidade de leitura no nível de letramento exigível para as séries iniciais do Ensino Médio e dominam alguns recursos linguístico-discursivos utilizados na construção de gêneros	1.903	0,06
Total		3.002.272	100

Fonte: MEC/INEP/DAEB (adap.)

**Distribuição de alunos nos estágios de construção de competências.
Matemática – Ensino Fundamental, 8ª série – 2001 – Brasil.**

Estágio	Competências/habilidades	População	%
Muito crítico	Não conseguem responder a comandos operacionais elementares compatíveis com a 8ª série (resolução de expressões algébricas com uma incógnita, características e elementos das figuras geométricas planas mais conhecidas)	19.021	6,65

Crítico	Desenvolveram algumas habilidades elementares de interpretação de problemas, mas não conseguem transpor o que está sendo pedido no enunciado para uma linguagem matemática específica, estando, portanto, aquém do exigido para 8ª série (resolvem expressões com uma incógnita, mas não interpretam os dados de um problema, fazendo uso de símbolos matemáticos específicos; desconhecem as funções trigonométricas para resolução de problemas)	423.750	51,71
Intermediário	Apresentam algumas habilidades de interpretação de problemas, porém não dominam ainda a linguagem matemática específica exigida para a 8ª série (resolvem expressões com duas incógnitas, mas não interpretam os dados de um problema com símbolos matemáticos específicos, nem utilizam propriedades trigonométricas)	849.276	38,85
Adequado	Interpretam e sabem resolver problemas de forma competente, fazem uso correto da linguagem matemática específica. Apresentam habilidades compatíveis com a série em questão (interpretam e constroem gráficos, resolvem problemas com duas incógnitas utilizando símbolos matemáticos específicos e reconhecem as funções trigonométricas elementares)	55.430	2,65
Avançado	São alunos maduros. Demonstram habilidades de interpretação de problemas num nível superior ao exigido para a 8ª série (interpretam e constroem gráficos, resolvem problemas com duas incógnitas utilizando símbolos matemáticos específicos e utilizam propriedades trigonométricas na resolução de problemas)	4.215	0,14
Total		1.351.692	100

Fonte: MEC/INEP/DAEB (adap.)

**Distribuição de alunos nos estágios de construção de competências.
Língua Portuguesa – Ensino Médio, 3ª série – 2001 – Brasil.**

Estágio	Competências/habilidades	População	%
Muito crítico	Não são bons leitores. Não desenvolveram habilidades de leitura compatíveis com a 4ª e 8ª séries.	101.654	4,92
Crítico	Ainda não são bons leitores. Apresentam algumas habilidades de leitura, mas aquém das exigidas para a série (leem apenas textos narrativos e informativos simples)	768.903	37,20
Intermediário	Desenvolveram algumas habilidades de leitura, porém insuficientes para o nível de letramento da 3ª série (textos poéticos mais complexos, textos dissertativo-argumentativos de média complexidade, texto de divulgação científica, jornalísticos e ficcionais; dominam alguns recursos linguístico-discursivos utilizados na construção de gêneros)	1.086.109	52,54

Adequado	São leitores competentes. Demonstram habilidades de leitura compatíveis com as três séries do Ensino Médio (textos argumentativos mais complexos, paródias, textos mais longos e complexos, poemas mais complexos e cartuns, e dominam recursos linguístico-discursivos utilizados na construção de gêneros)	110.482	5,34
Total		2.067.147	100

Fonte: MEC/INEP/DAEB (adap.)

**Distribuição de alunos nos estágios de construção de competências.
Matemática – Ensino Médio, 3ª série – 2001 – Brasil.**

Estágio	Competências/habilidades	População	%
Muito crítico	Não conseguem responder a comandos operacionais elementares compatíveis com a 3ª série do E.M. (construção, leitura e interpretação gráfica, uso de propriedades de figuras geométricas planas e compreensão de outras funções)	99.969	4,84
Crítico	Desenvolvem algumas habilidades elementares de interpretação de problemas, mas não conseguem transpor o que está sendo pedido no enunciado para uma linguagem matemática específica, estando, portanto, aquém do exigido para a 3ª série do E.M. (construção, leitura e interpretação gráfica, uso de algumas propriedades e características de figuras geométricas planas e resolução de funções logarítmicas e exponenciais)	1.294.072	62,60
Intermediário	Apresentam algumas habilidades de interpretação de problemas. Fazem uso de linguagem matemática específica, porém a resolução é insuficiente ao que é exigido para a 3ª série do E.M. (reconhecem e utilizam alguns elementos de geometria analítica, equações polinomiais e reconhecem algumas operações dos números complexos)	549.306	26,57
Adequado	Interpretam e sabem resolver problemas de forma competente; fazem uso correto da linguagem matemática específica. Apresentam habilidades compatíveis com a série em questão (reconhecem e utilizam elementos de geometria analítica, equações polinomiais e desenvolvem operações com os números complexos)	123.800	5,99
Total		2.067.147	100

Fonte: MEC/INEP/DAEB (adap.)

Anexo 2 (figura 1)

O autor do desenho é um aluno de 11 anos, morador da zona rural de Iturama.

(figura 2)

O autor do desenho é um aluno de 11 anos, morador da zona rural de Iturama.

Anexo 3 (figura 1)

Desenhe nesta folha um campo (meio rural)

O autor do desenho tem 10 anos e estuda em escola particular em Belo Horizonte.

(figura 2)

O autor do desenho tem 10 anos e estuda em escola particular em Belo Horizonte.

Anexo 4

Quadro numérico das 11 situações das imagens expressas pelos alunos sobre a zona rural.

Situação	turma 1	turma 2	turma 3	turma 4	turma 5	turma 6	turma 7	turma 8	turma 9	turma 10	total	Situação mais frequente
1	11	7	5	2	2	3	1	4	0	0	45	3ª
2	11	14	16	11	7	19	7	12	5	11	113	1ª
3	2	5	1	3	2	1	4	1	5	2	26	6ª
4	3	1	1	5	2	0	4	2	2	1	21	7ª
5	2	2	8	5	5	8	13	2	1	0	46	2ª
6	2	1	1	3	1	0	7	1	1	1	18	8ª
7	1	0	1	1	1	1	4	2	2	0	13	9ª
8	1	0	1	2	1	1	1	0	2	1	10	11ª
9	4	1	1	2	1	1	1	0	0	0	11	10ª
10	2	3	2	4	0	7	6	3	2	0	29	4ª
11	1	0	1	6	1	4	6	5	4	0	28	5ª

Anexo 5

A autora do desenho tem 11 anos e é aluna de uma classse de aceleração de uma escola municipal em Belo Horizonte.

Anexo 6

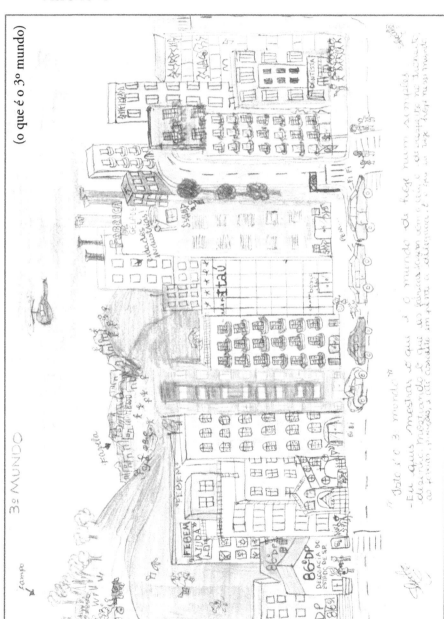

A autora do desenho tem 11 anos e é aluna da 5ª série de uma escola municipal de São Paulo.

Anexo 7

O autor do desenho tem 11 anos e é aluno da 5ª série de uma escola municipal de São Paulo.

Anexo 8

A trajetória do percebido ao concebido na Geografia.

EU (séries iniciais)	NÓS (séries intermediárias)	OUTROS (Eu, Nós – séries finais)
FANTASIA: • é uma necessidade; • o aluno não capta o todo da realidade, mas a entende e a explica; • liga-se a uma fuga da realidade que ele não aceita; • é usada para assimilar o que causa sofrimento na realidade; • literaturas em que os contos e as narrativas permitem fazer comparação com os dados da realidade são importantes.	FANTASIA: • dá-se a diminuição da fantasia e o reconhecimento cada vez maior da realidade externa; • não significa o fim da fantasia.	FANTASIA: • há uma diminuição da fantasia num processo geralmente gradativo, porém sempre permanecem seus traços.
EGOCENTRISMO: • estabelece-se um conflito do seu modelo (único) de explicação da realidade com o modelo explicativo da escola para a realidade.	EGOCENTRISMO: • torna-se mais flexível e o aluno percebe a existência de outras pessoas para a consideração de uma determinada questão; • identifica pessoas com ideias iguais ou diferentes das suas, constituindo-se um conflito; • formam-se grupos em que há um princípio de identidade na forma de pensar.	EGOCENTRISMO: • o aluno desenvolve a capacidade de colocar-se no lugar do outro (com o qual ele se identifica cada vez mais).
ALGUMAS CARACTERÍSTICAS COGNITIVAS: • o todo é mais significativo do que as partes; • o aluno opera mentalmente mais no concreto (contextualizado, mais próximo); • o aluno opera mentalmente na realidade vivida, imediata; • o trabalho lúdico tem grande importância; • há uma valorização do professor, cuja figura é muito forte; • o "por que" significa curiosidade.	ALGUMAS CARACTERÍSTICAS COGNITIVAS: • o aluno opera mentalmente no concreto, abrindo-se gradativamente para o abstrato; • opera na realidade mediata e imediata; • o lúdico é importante e aparece na estrutura de liderança dos jogos; • maior valorização do grupo do que do professor (ou este entra no jogo ou...); • o "por que" indica dúvidas em relação ao modelo explicativo da escola, estabelecendo-se o conflito do modelo operativo da escola com o modelo operativo do aluno.	ALGUMAS CARACTERÍSTICAS COGNITIVAS: • o aluno opera mentalmente no abstrato, mas o concreto imediato está presente; • permanece o conflito entre o modelo explicativo do aluno e o da escola, mas o aluno vai em busca de outros modelos explicativos; • o "por quê" pode ser existencial, de ansiedade ou de contestação.
PERCEBE_____		_____CONCEBE

Assessoria em Geografia: profa. Nidia Nacib Pontuschka,
Faculdade de Educação da Universidade de São Paulo.

Anexo 9

Desenhe o campo (meio rural)

O autor do desenho tem 11 anos
e é aluno de uma escola municipal de Virginópolis.

Anexo 10

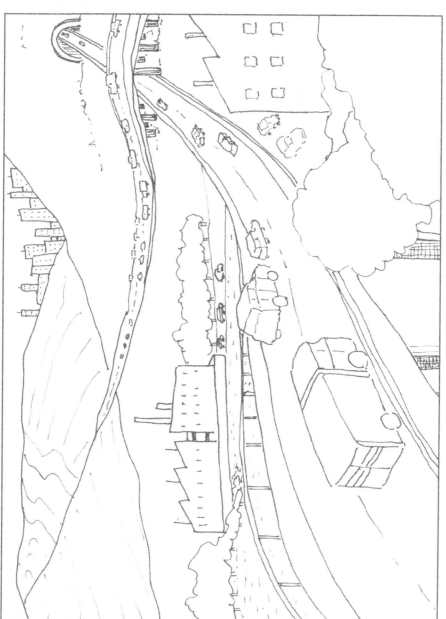

Ilustração sobre a questão locacional.

Anexo 11

Síntese numérica das 19 explicações dos alunos para a localização das indústrias.

	1	2	3	4	5	6	7	8	9	10	11	12	13	14	15	16	17	18	19
T. 1	-	1	11	3	3	-	5	1	1	-	-	-	-	2	1	2	1	-	2
T. 2	-	-	2	1	1	1	-	1	5	-	-	-	1	2	6	-	-	1	9
T. 3	-	5	11	1	-	-	2	1	2	-	-	-	-	2	2	-	2	-	2
T. 4	-	-	10	2	-	1	2	1	3	-	1	-	-	1	-	-	-	-	5
T. 5	3	1	3	-	-	-	-	-	1	1	-	-	1	-	1	-	-	-	5
T. 6	1	-	4	9	1	-	-	1	2	-	-	-	-	-	-	-	-	1	6
T. 7	1	-	6	2	2	1	1	-	2	2	1	-	-	2	1	-	-	-	5
T. 8	-	-	5	-	4	1	2	-	1	-	-	1	1	1	2	-	-	-	6
T. 9	-	-	2	2	-	-	2	-	-	-	-	-	-	-	-	-	-	7	2
T. 10	1	1	2	1	1	1	1	-	1	-	-	2	-	1	-	-	-	-	2
Total	6	8	56	21	12	5	15	5	18	3	2	3	3	11	13	2	3	9	44

Anexo 12

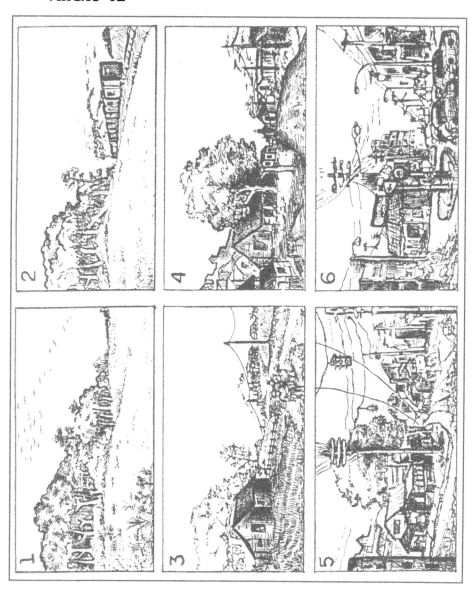

Seis situações da natureza à grande metrópole.
(Adaptado de vestibulares da UFMG).

Anexo 13

Síntese das escolhas feitas pelos alunos sobre o lugar onde gostariam de morar.

Situação	1	2	3	4	5	6	7
Turma 1 (Up)	6	2	7	2	3	6	7
Turma 2 (Ug)	1	2	4	10	7	7	-
Turma 3 (Ug)	4	1	5	13	1	6	-
Turma 4 (Ug)	3	3	3	10	5	2	-
Turma 5 (Ug)	0	1	9	3	0	3	-
Turma 6 (Ug)	5	2	7	3	5	5	-
Turma 7 (R)	4	1	15	1	1	4	-
Turma 8 (Up)	5	3	7	6	2	2	-
Turma 9 (Up)	1	2	2	5	1	4	-
Turma 10 (R)	6	4	3	7	1	1	-
Total	35 (13%)	21 (8%)	62 (26%)	60 (25%)	26 (10%)	40 (16%)	7 (2%)

Bibliografia

ABERCROMBIE, N.; HILL, S.; TURNER, B. "Determinismo e indeterminismo na teoria da ideologia". In: ZIZEK S. (org.). *Um mapa da ideologia*. Rio de Janeiro: Contraponto, 1996.

ALMEIDA, Rosângela D. de. *Do desenho ao mapa*: iniciação cartográfica na escola. São Paulo: Contexto, 2001.

ANDERSON, Perry. "Retomadas". In: SADER, E. (org.). *Contra corrente:* o melhor da New Left Review em 2000. Rio de Janeiro: Record, 2001.

ANTUNES, Ricardo. *Adeus ao trabalho? Ensaio sobre as metamorfoses e a centralidade do mundo do trabalho.* São Paulo/Campinas: Cortez/Unicamp, 1995.

ARAÚJO, Carla. *A violência desce para a escola*. Belo Horizonte: Autêntica, 2002.

BAKHTIN, M. *Marxismo e filosofia da linguagem*. São Paulo: Hucitec, 1997.

BENJAMIN, Walter. *Reflexões*: a criança, o brinquedo e a educação. São Paulo: Summus, 1984.

BERGER, P.; LUCKMANN, T. *A construção social da realidade*. Petrópolis: Vozes, 1985.

BETELHEIM, Bruno. *A psicanálise dos contos de fadas*. Rio de Janeiro: Paz e Terra, 1978.

BOURDIEU, Pierre (org.). *A miséria do mundo*. Petrópolis: Vozes, 1996.

CARLOS, Ana Fani Alexandri. *O lugar no/do mundo*. São Paulo: Hucitec, 1996.

CASTORIADIS, C. *A instituição imaginária da sociedade*. Rio de Janeiro: Paz e Terra, 1982.

CHAUÍ, Marilena. "A reforma do ensino". In: *Discurso*, revista do Departamento de Filosofia da F.F.L.C.H. da USP, 1972.

_____. "Ideologia neoliberal e universidade". In: Oliveira; Paoli (orgs.). *Os sentidos da democracia*. Petrópolis/ São Paulo/Brasília: Vozes/FAPESP/NEDIC, 1999.

COLL, César. *Aprender conteúdos e desenvolver capacidades*. Porto Alegre: Artmed, 2004.

COSGROVE, D. E. "Em direção a uma Geografia Cultural radical: problemas da teoria". In: Corrêa; Rosendahl (orgs.). *Introdução à Geografia Cultural*. Rio de Janeiro: Bertrand Brasil, 2003.

DAMIANI, Amélia. "O lugar e a produção do cotidiano". In: CARLOS, A. F. A. (org.). *Novos caminhos da Geografia*. São Paulo: Contexto, 1999.

DANTAS, Pedro da Silva. *Para conhecer Wallon*: uma psicologia dialética. São Paulo: Brasiliense, 1983.

DE TOMMASI, Lívia; WARDE, Mirian Jorge; HADDAD, Sérgio (orgs.). *O Banco Mundial e as políticas educacionais*. São Paulo: Cortez/PUC/Ação Educativa, 1996.

DULCI, Otávio Soares. *Política e recuperação econômica em Minas Gerais*. Belo Horizonte: UFMG, 1999.

FÁVERO, Maria Helena. *Psicologia e conhecimento*: subsídios da psicologia do desenvolvimento para a análise do ensinar e aprender. Brasília: UNB, 2005.

FOUCAULT, Michel. *Microfísica do poder*. Rio de Janeiro: Graal, 1979.

_____. *Vigiar e punir*. Petrópolis: Vozes, 1987.

FREIRE, Paulo; SHOR, Ira. *Medo e ousadia*: cotidiano do professor. Rio de Janeiro: Paz e Terra, 1986.

FREIRE, Paulo. *Pedagogia da indignação*: cartas pedagógicas e outros escritos. São Paulo: Unesp, 2000.

_____. *Pedagogia da autonomia*: saberes necessários à prática educativa. Rio de Janeiro: Paz e Terra, 1996.

GALVÃO, Izabel. *Henri Wallon*: uma concepção dialética do desenvolvimento infantil. Petrópolis: Vozes, 2000.

GIROUX, Henry. *Os professores como intelectuais*: rumo a uma pedagogia crítica da aprendizagem. Porto Alegre: Artmed, 1997.

_____. *Cruzando as fronteiras do discurso educacional*: novas políticas em educação. Porto Alegre: Artes Médicas, 1999.

GONÇALVES, Carlos Walter Porto. *O desafio ambiental*. Rio de Janeiro: Record, 2004.

GUARESCHI, Pedrinho; JOVCHELOVITCH, Sandra (orgs.). *Textos em representações sociais*. Petrópolis: Vozes, 1995.

HARVEY, David. "Reinventando a Geografia". In: SADER E. (org.). *Contra corrente:* o melhor da New Left Review em 2000. Rio de Janeiro: Record, 2001.

KOSIK, Karel. *Dialética do concreto*. Rio de Janeiro: Paz e Terra, 1976.

KUENZER, Acácia Zeneida. "Educação, linguagens e tecnologias: as mudanças do mundo do trabalho e as relações entre conhecimento e método". In: CAUDAU V. L. (org.). *Cultura, linguagens e subjetividade no ensinar e aprender*. Rio de Janeiro: DP&A, 2001.

LACOSTE, Yves. *A Geografia*: isso serve, em primeiro lugar, para fazer a guerra. Campinas: Papirus, 1989.

LEFEBVRE, Henri. *A vida cotidiana no mundo moderno*. São Paulo: Ática, 1991.

MAURI, Teresa; VALLS, Enric. "O ensino e a aprendizagem da geografia, da história e das ciências sociais: uma perspectiva psicológica". In: COLL et al. (orgs.). *Desenvolvimento psicológico e educação*: psicologia da educação escolar. Vol. 2. Porto Alegre: Artmed, 2004.

MCLAREN, Peter. *Multiculturalismo crítico*. São Paulo: Cortez/Instituto Paulo Freire, 1997.

MEDEIROS, Regina (org.). *A escola no singular e no plural*: um estudo sobre violência e drogas nas escolas. Belo Horizonte: Autêntica, 2006.

MÉSZAROS, István. *A educação para além do capital*. São Paulo: Boitempo, 2005.

MORAES, Régis (org.). *Sala de aula*: que espaço é esse? São Paulo: Papirus, 1996.

OLIVEIRA, Ariovaldo Umbelino de. "É possível uma 'Geografia libertadora' ou será necessário partirmos para uma práxis transformadora?" In: CORRÊA, R. L. et al. Geografia e Sociedade: novos rumos do pensamento geográfico, *Revista de Cultura*, n. 9, maio, Vozes, 1980.

OSTROWER, Faiga. *Criatividade e processos de criação*. Petrópolis: Vozes, 1977.

PIAGET, J.; INHELDER, B. *A imagem mental na criança*. Porto: Civilização, 1977.

PINHEIRO, Paulo Sérgio. *Crime, violência e poder*. São Paulo: Brasiliense, 1984.

PONTUSCHKA, Nidia Nacib; OLIVEIRA, A. U. (orgs.). *Geografia em perspectiva*. São Paulo: Contexto, 2002.

PRADO JR., Caio. *Dialética do conhecimento*. São Paulo: Brasiliense, 1980.

RONCA, P. A. C.; TERZI, C. *A prova operatória*: contribuições da psicologia do desenvolvimento. São Paulo: Edesplan, 1991.

SADER, Emir. "Prefácio". In: MÉSZAROS, István. *A educação para além do capital*. São Paulo: Boitempo, 2005.

SANTOS, Boaventura de Sousa. *Pela mão de Alice*: o social e o político na pós-modernidade. São Paulo: Cortez, 2001.

_____. "As dores do pós-colonialismo". *Folha de S. Paulo*, 21 ago. 2006.

_____. "Socialismo do século 21". *Folha de S. Paulo*, 7 jun. 2007.

SANTOS, Milton. *Por uma outra globalização*: do pensamento único à consciência universal. Rio de Janeiro: Record, 2000.

_____. "Por uma geografia cidadã: por uma epistemologia da existência". Palestra proferida para professores e transcrita no *Boletim Gaúcho de Geografia*, Porto Alegre, 1996.

SHITARA, Ana. *A leitura nas organizações não-governamentais e inter-relação com a escola pública*: proposta para ampliar o grau de letramento de jovens no Brasil. Dissertação, 2007 (Mestrado). Faculdade de Educação da Universidade de São Paulo.

SOLÉ, Isabel. "Disponibilidade para a aprendizagem e sentido da aprendizagem". In: COLL, César et al (orgs.). *O construtivismo na sala de aula*. São Paulo: Ática, 2003.

TOPALOV, C. Fazer a história da pesquisa urbana: a experiência francesa desde 1965. *Espaço e Debates*, n. 23, São Paulo, Núcleo de Estudos Regionais e Urbanos, 1988.

TORRES, Rosa Maria. "Melhorar a qualidade da educação básica? As estratégias do Banco Mundial". In: DE TOMMASI, Lívia; WARDE, Mirian Jorge; HADDAD, Sérgio (orgs.). *O Banco Mundial e a políticas educacionais*. São Paulo: Cortez/PUC-SP/Ação Educativa, 1996.

TRAGTEMBERG, Maurício. *Burocracia e ideologia*. São Paulo: Ática, 1974.

VERGNAUD, G. "Le rôle de l'enseignement à la lumière des concepts de schème et de champ conceptuel". In: ARTIGUE, M. A. et al. *Vingt ans de didactique des mathématiques en France*. Paris: La Pensée Sauvage, 1994.

VESENTINI, José William. *Geografia, natureza e sociedade*. São Paulo: Contexto, 1997. (Série Repensando a Geografia).

VYGOTSKY, L. S. *A formação social da mente*. São Paulo: Martins Fontes, 1994.

WACHOWICZ, Lílian Anna. *O método dialético na didática*. Campinas: Papirus, 1991.

WILLIAMS, Raymond. *O campo e a cidade*. São Paulo: Cia. das Letras, 1989.

ZIZEK, Slavoj (org.). *Um mapa da ideologia*. Rio de Janeiro: Contraponto, 1996.

A autora

Shoko Kimura é professora de Geografia desde 1968, especialmente no ensino fundamental e médio, em escolas particulares e públicas estaduais e municipais. Durante 15 anos lecionou também em cursos de Geografia e Pedagogia em universidades particulares. Sempre estudou em escolas públicas e graduou-se em Geografia em 1964 na Universidade de São Paulo (USP). Foi diretora de escola e supervisora de ensino, principalmente na periferia da capital. A pós-graduação tardia é em parte resultado dessa trajetória, pois, no doutorado em Geografia Humana na USP, defendeu a tese *Geografia da escola e lugar: violência, tensão e conflito*. Aposentada em São Paulo, foi para Belo Horizonte, onde é professora-adjunta da Faculdade de Educação da Universidade Federal de Minas Gerais. Em 2004 iniciou um trabalho no MEC e, como coordenadora-geral do ensino fundamental, pode debruçar-se mais direta e intensamente sobre as questões educacionais no país. O retorno às atividades na UFMG em 2006 resultou no presente livro.

Leia também

PRÁTICA DE ENSINO DE GEOGRAFIA E ESTÁGIO SUPERVISIONADO
Elza Passini, Romão Passini e Sandra T. Malysz (orgs.)

Este livro tem como objetivo funcionar como um guia claro e essencial para o dia a dia das aulas de Prática de Ensino de Geografia e contribuir para um maior aprofundamento do conhecimento geográfico no cotidiano escolar. Com texto estimulante e linguagem objetiva, esta obra se destaca das demais por fazer uma leitura realista e inovadora das relações presentes, ausentes e necessárias no espaço escolar. Mostra ainda como a articulação teoria-prática-teoria e as discussões sobre aulas planejadas e dadas nos estágios geram diferentes níveis de emoção e responsabilidade, e que estas, somadas a uma boa qualidade técnica e estética, podem sim desenvolver no profissional a inquietude pela busca do rigor científico do conteúdo. Obra de especial importância para alunos de licenciatura e professores de Prática de Ensino e de Metodologia de Ensino, também é indicada para professores do ensino básico, fundamental e médio.

Cadastre-se no site da Contexto
e fique por dentro dos nossos lançamentos e eventos.
www.editoracontexto.com.br

Formação de Professores | Educação
História | Ciências Humanas
Língua Portuguesa | Linguística
Geografia
Comunicação
Turismo
Economia
Geral

Faça parte de nossa rede.
www.editoracontexto.com.br/redes

Promovendo a Circulação do Saber